杨懋劼 乔桂明 著

创新与突破：
发达地区村镇银行发展战略选择与对策研究

CHUANGXIN YU TUPO

FADA DIQU CUNZHEN YINHANG FAZHAN ZHANLUE XUANZE YU DUICE YANJIU

苏州大学出版社
Soochow University Press

图书在版编目(CIP)数据

创新与突破:发达地区村镇银行发展战略选择与对策研究/杨懋劼,乔桂明著. —苏州:苏州大学出版社,2019.9
 ISBN 978-7-5672-2862-7

Ⅰ.①创… Ⅱ.①杨…②乔… Ⅲ.①村镇银行-银行发展-研究-中国 Ⅳ.①F832.35

中国版本图书馆 CIP 数据核字(2019)第 157575 号

创新与突破:发达地区村镇银行发展战略选择与对策研究

杨懋劼 乔桂明 著

责任编辑 薛华强

苏 州 大 学 出 版 社 出 版 发 行
(地址:苏州市十梓街1号 邮编:215006)
镇江文苑制版印刷有限责任公司印装
(地址:镇江市黄山南路18号润州花园6-1号 邮编:212000)

开本 700mm×1 000mm 1/16 印张9.75 字数165千
2019年9月第1版 2019年9月第1次印刷
ISBN 978-7-5672-2862-7 定价:38.00元

苏州大学版图书若有印装错误,本社负责调换
苏州大学出版社营销部 电话:0512-67481020
苏州大学出版社网址 http://www.sudapress.com
苏州大学出版社邮箱 sdcbs@suda.edu.cn

序言

自 2006 年 12 月中国银监会《关于调整放宽农村地区银行业金融机构准入政策、更好支持社会主义新农村建设的若干意见》出台至今,村镇银行已经走过了近 13 年发展历程。作为我国农村金融体系的重要组成部分,村镇银行以"支农支小"为市场定位,深入贯彻落实国家普惠金融、精准扶贫发展战略,在激活农村金融市场、填补金融服务空白、改善县域金融服务、补齐农村经济短板过程中发挥了积极有效的作用,已然成为县域金融服务"三农"和小微企业的生力军,成为国家发展普惠金融和实施金融精准扶贫的重要载体。截至 2018 年年末,全国开业村镇银行数量已达 1 616 家。

南京银行成立于 1996 年,是一家具有独立法人资格的区域性股份制商业银行,2007 年 7 月在上交所挂牌交易,是国内首家在上交所主板上市的城商行。成立以来,南京银行紧跟国家战略发展导向、围绕江苏经济发展大局,坚守"立足地方经济、服务实体企业"的市场定位,积极履行普惠金融发展社会责任,在江苏省内先后发起设立宜兴阳羡村镇银行、昆山鹿城村镇银行,进一步深耕"三农"与小微金融市场。目前,两家村镇银行经营良好,资产规模在江苏省村镇银行中分别位列第一、第二,昆山鹿城村镇银行还成为首家在"新三板"挂牌的村镇银行,为支持江苏县域普惠金融发展、农村金融改革做出了积极有效的贡献。

当前,面对复杂严峻的经济金融形势,村镇银行作为新型农村金融机构,由于成立时间短、自身抗风险能力较弱等因素,一直以来都面临着老百姓信任度不高、吸收存款困难,普惠金融服务成本高、经营压力大等问题,面临着更大的可持续发展压力。尤其是,我国地区经济发展差异大,金融环境和客户特征区别明显,导致经济发达地区村镇银行与经济欠发达地区村镇银行发展的实际情况也存在很大差异,在探索村镇银行可持续发展的模式上应该因地制宜。

在此背景下,昆山鹿城村镇银行杨懋劼董事长和苏州大学乔桂明教授的研究成果——《创新与突破:发达地区村镇银行发展战略选择与对策研究》一书,以发达地区村镇银行为研究对象,在对发达地区村镇银行经济及区域金融生态环境特征分析的基础上,深入剖析了发达地区村镇银行发展呈现出的普遍性特点及面临的主要问题,有针对性地提出了我国发达地区村镇银行发展的战略定位、路径选择与对策建议。本书以发达地区村镇银行发展战略选择与对策为研究对象,引用了大量典型村镇银行发展的案例,理论依据充分、研究数据翔实、分析案例丰富、聚焦内容全面,较好地体现了研究的前瞻性、理论性和实践性。本研究成果对新时期发达地区村镇银行如何更好地坚守"支农支小"市场定位、提升普惠金融发展质效、实现自身健康可持续发展都有很好的理论和借鉴意义。

"十三五"是我国贯彻落实党的十九大精神、积极推进供给侧结构性改革的重要时期,也是村镇银行稳中求进、向高质量发展转型的关键时期。村镇银行因农而生,因小而长,我们坚信村镇银行只要坚守"支农支小"的市场定位,顺应国家战略发展大势,积极应对金融行业变革,秉承"小而精、小而美"的工匠精神,深耕细作,普惠民生,就能在普惠金融领域开拓出更加广阔的发展天地。

是为序。

南京银行股份有限公司董事长

2019.7.20

前言

为解决农村地区银行业金融机构网点覆盖率低、金融供给不足、竞争不充分等问题,2006年12月,银监会下发了《关于调整放宽农村地区银行业金融机构准入政策,更好支持社会主义新农村建设的若干意见》,明确了在四川、青海、甘肃、内蒙古、吉林、湖北六省区率先开展试点。2007年1月,银监会发布了《村镇银行管理暂行规定》和《村镇银行组建审批工作指引》,为村镇银行的发起设立和经营管理提供了制度保障。2007年3月,全国第一家村镇银行——四川仪陇惠民村镇银行在四川省仪陇县成立。村镇银行作为县域"支农支小"专业化社区银行,是发展普惠金融、助力精准扶贫和服务乡村振兴战略的新生力量,已成为农村金融服务体系不可或缺的重要组成部分。截至2018年年末,全国已开业村镇银行1 616家,县市覆盖率达70%。

作为新型农村金融机构,与其他银行金融机构相比,村镇银行具有自身的特征:首先,与其他商业银行在县域开设的分支机构不同,村镇银行是独立经营、自负盈亏的独立法人机构,经营范围限于所在县域;其次,村镇银行成立时间短,注册资本较小,在当地品牌度与影响力有待进一步提升;再次,村镇银行市场定位专注"支农支小",客户下沉为小微企业、个体工商户、"三农"等最基层普惠金融客户群体,单户贷款额度较低。由于我国不同地区经济金融环境差异性较大,与欠发达地区村镇银行相比,发达地区村镇银行同样具有鲜明的特点,如面对更加激烈的金融市场竞争环境,当地农业占比普遍偏低,小微客户对信贷额度与多样化金融服务需求都较高,等等。同时,不同的经济金融环境也使发达地区村镇银行面临着一系列富有地域特色的经营发展问题,如吸收存款更加困难、满足小微客户需求的经营发展压力更大等。

因此,在国家大力发展普惠金融、乡村振兴、精准扶贫等重大战略引领以及农村金融市场大有可为的政策背景下,如何正确看待和总结发达地区村镇银行十多年来的发展成就？如何客观面对和分析发达地区与欠发达地区村镇银行不同的发展现状与难题？如何因地制宜，选择有针对性的科学发展战略与路径，提升发达地区村镇银行普惠金融的服务效率与水平，推动村镇银行未来的健康可持续发展？对以上问题的探索与解决具有重要的理论与现实意义，这也是本课题研究的重要意义所在。

本研究在对现有文献进行总结和分析的基础上，回顾和总结了我国村镇银行的发展进程、发展现状和取得的成就，重点研究了发达地区村镇银行的经营特征及困难，并通过对昆山鹿城村镇银行、象山国民村镇银行、吴江中银富登村镇银行、太仓民生村镇银行、苏州吴中珠江村镇银行等典型案例的研究，对比分析了发达地区村镇银行与欠发达地区村镇银行在外部环境、金融竞争、小微客户等方面的具体差异，为发达地区村镇银行今后发展战略的实施提出多层次多角度的对策建议。

在本课题研究过程中，我们借鉴了农村金融，尤其是村镇银行发展研究领域许多专家学者的最新研究成果和学术观点，课题组成员也多次赴浙江、上海、江苏、广东等发达地区进行调研与学习，听取了许多宝贵的意见，得到很多有益的启发。由于资料的有限和研究对象的特殊性，可能使研究视角和深度没能达到对这一问题关切者的期许，尤其是对发达地区村镇银行未来的发展路径选择和战略方向的把握与验证等还有待进一步跟踪和分析。

本研究由本人提出研究的思路和整体架构；苏州大学商学院金融学博士生导师乔桂明教授进行全书的统筹、修改和文稿的最终审定；我行张霞萍副行长和李燕助理对研究进行具体指导和安排各种调研活动；课题组成员牟宗新、盛徐辰、单杨杰、王起凡等参与了课题调研、数据处理和初稿的部分写作；苏州大学出版社薛华强编辑为本书的出版付出了辛勤劳动，在此表示衷心感谢。

杨懋劼
2019.6.18

目录

第一章 绪论 / 1

　第一节 研究背景与意义 / 1
　第二节 研究方法、研究思路与主要内容 / 2
　第三节 研究的贡献和可能的创新 / 5

第二章 相关理论与文献综述 / 7

　第一节 村镇银行发展战略的相关理论基础 / 7
　第二节 国内外文献综述 / 10

第三章 我国村镇银行发展背景、现状及趋势分析 / 14

　第一节 我国村镇银行设立的背景与现实意义 / 14
　第二节 我国村镇银行的发展进程与现状 / 21
　第三节 我国村镇银行未来发展趋势 / 29

第四章 发达地区村镇银行发展现状与问题分析 / 31

　第一节 发达地区村镇银行总体发展概况 / 31
　第二节 发达地区村镇银行发展特征 / 41
　第三节 发达地区村镇银行发展面临的困难与问题 / 44
　第四节 发达地区村镇银行发展的典型案例研究 / 51

第五章　发达地区村镇银行发展环境分析——以长三角为例　/ 80

　　第一节　发达地区经济环境特征分析　/ 80

　　第二节　发达地区小微金融生态特征分析　/ 93

　　第三节　其他外部环境特征分析　/ 103

第六章　发达地区村镇银行发展的战略定位与目标选择　/ 106

　　第一节　发达地区村镇银行的SWOT分析　/ 106

　　第二节　发达地区村镇银行发展目标选择与战略定位　/ 116

第七章　发达地区村镇银行发展的战略实施与对策建议　/ 125

　　第一节　自身主体层面的对策与建议　/ 125

　　第二节　政策监管层面的对策与建议　/ 135

参考文献　/ 142

第一章

绪 论

第一节 研究背景与意义

农村金融问题是转型期中国经济社会发展不可回避的关键问题。自1979年2月农业银行恢复以来，中国已经进行了近40年的农村金融体制改革。当前，我国农村金融改革已进入一个全新的阶段，大部分农村金融问题都是围绕如何向"三农"提供促进其发展的金融服务而展开的。然而现有的农村金融机构越来越无法满足"三农"对资金和服务的多样化需求。其原因是多方面的，其中主要在于监管部门对农村金融市场实行过度管制，农村金融市场准入门槛过高，新的金融机构很难进入，导致农村金融市场发展困难，金融服务严重滞后于"三农"发展的实际需要，供需不平衡的矛盾日益突出。2004年至2010年连续7年，2012年至2016年连续5年，共12个中央"一号文件"持续强调了农村现代化建设以及农村金融问题的现实性、重要性和紧迫性。2018年中央"一号文件"更是明确提出，要开拓投融资渠道，强化乡村振兴投入保障。其中提道：实施乡村振兴战略，必须解决资金的来源问题，不仅要确保财政投入持续增长，充分发挥财政资金的引导作用，撬动金融和社会资本更多投向乡村振兴，拓宽资金筹集渠道，更要提高金融服务水平，健全适合"三农"特点的农村金融体系，推动农村金融机构回归本源，强化金融服务方式创新，防止脱实向虚倾向。文件在明确中国农业银行、中国邮政储蓄银行和中国农业发展银行职责定位的同时，更加强调了要进一步完善村镇银行准入条件,使普惠金融真正惠及乡村,促进地方法人金融机构更好地为乡村振兴服务。

村镇银行作为新型银行业金融机构的主要试点机构和我国农村金融体制的一项重大创新,具有机制灵活、依托现有银行金融机构等优势,自2007年诞生以来得到了快速发展,对激活农村金融市场、完善农村金融组织体系、搭建农村金融供给新渠道和改进农村金融服务产生了积极影响,取得了相当大的成就。但作为新生事物,由于受到各种内外部因素的制约,村镇银行在发展中不可避免地遇到了许多具体问题。尤其是金融行业最为发达的苏浙沪粤等地区,在与各类金融机构的激烈竞争中,相对小众的村镇银行更是面临着巨大挑战。如何在复杂的市场中找寻自身战略定位,选择最恰当的经营策略,则显得尤为关键。当下,只有理清村镇银行发展中面临的各种问题及内外部制约因素,才能促进其可持续健康发展,进而发挥应有的功能。

因此,本研究拟在对以往文献进行总结和分析的基础上,介绍分析我国村镇银行的发展进程及现状,厘清村镇银行产生的前因后果;重点研究发达地区村镇银行的经营特征及遇到的困难,并通过昆山鹿城村镇银行、象山国民村镇银行等几个典型案例,对比发达地区村镇银行与欠发达地区村镇银行在外部环境、金融竞争、资本结构及经营指标等方面的具体差异,力图探究发达地区村镇银行合理的战略定位与目标选择,为其今后发展战略的实施提出多层次多角度的对策建议。

第二节 研究方法、研究思路与主要内容

一、研究方法

(一)规范研究方法

本书通过收集和阅读国内外大量文献,了解关于村镇银行研究的现状,并对文献进行分类梳理和评析,认识当前形势下村镇银行的发展情况,并根据已有相关文献的研究成果把握本书的研究对象、研究方向和研究视角,进而为本书关于村镇银行可持续发展的能力评价研究奠定扎实的基础。

（二）实地调查法

为了更好地了解村镇银行的实际发展状况和存在的问题，本书在写作过程中通过对苏浙沪粤等地区多家村镇银行进行深入的实地调研，有目的地收集相关的一手资料和数据并进行整理，从中更加深刻地发现村镇银行在发展中存在的真实问题，并对这些问题进行提炼归纳总结，通过非结构化访谈整理出基础观点，再通过结构化研究验证理论和观点。这为本书的深入研究创造了有利条件。

（三）案例研究法

以昆山鹿城村镇银行、象山国民村镇银行等发达地区村镇银行为典型案例，详细剖析其成功经验及可能存在的风险问题，并通过第一手数据分析来增强本研究的科学性和严谨性。本书的研究结论和建议可以为发达地区村镇银行未来可持续发展之路及战略实施指明方向，为我国村镇银行的发展提供借鉴和参考。

二、研究思路及内容

本研究首先对国内外文献进行归纳，简要阐述了我国村镇银行发展的背景及现状；接着从昆山鹿城村镇银行等具体案例出发，通过第一手资料数据着重分析了发达地区村镇银行的发展特征及问题；然后对发达地区村镇银行的发展环境及区域金融生态特征进行深入探讨，并结合SWOT分析方法综合阐述了发达地区村镇银行未来发展的优势、劣势、机遇和挑战；随后在结合相关金融市场及竞争理论的基础上，进一步探讨了发达地区村镇银行发展战略及定位选择；最后根据前文论述及深度分析，提出发达地区村镇银行未来发展的战略实施措施与对策建议。

本研究的主要内容共分七章，具体内容及框架安排如下：

第一章为绪论，主要阐述本研究的背景与意义、研究方法、研究思路及主要内容，并归纳本研究的创新点与主要贡献。

第二章为相关理论和文献综述，对国内外有关村镇银行发展研究的文献进行系统梳理，并对村镇银行发展的相关理论进行归纳与评价，为全书的研究寻求理论依据和分析逻辑。

第三章为村镇银行发展背景、现状及未来趋势分析，首先对我国村镇银行诞生的原因、宏观政策背景及其担负的历史使命进行梳理；然后对我国村镇银行从无到有、从有到多的发展历程,以及现阶段取得的成就进行详细分析;最后对我国村镇银行未来的发展趋势进行展望。

第四章主要对我国发达地区村镇银行的发展现状及问题进行详细阐述,并通过昆山鹿城村镇银行、象山国民村镇银行、吴江中银富登村镇银行、太仓民生村镇银行、苏州吴中珠江村镇银行等典型案例,探究长三角地区村镇银行发展的经营特色及存在的问题和发展中可能面临的风险。

第五章专题研究以长三角地区为代表的发达地区村镇银行发展的经济环境特征、金融生态特征,详细论述发达地区村镇银行在发展过程中所处的外部环境。

第六章在回顾金融市场竞争、经营战略管理相关理论的基础上,探讨发达地区村镇银行发展的战略定位及经营策略的选择。

第七章根据前文的分析与研究,从政府政策层面、村镇银行主体层面及相关部门监管层面等多个角度,针对发达地区村镇银行未来发展的战略定位和选择,提出对策与具体措施。

三、研究技术路线(图1-1)

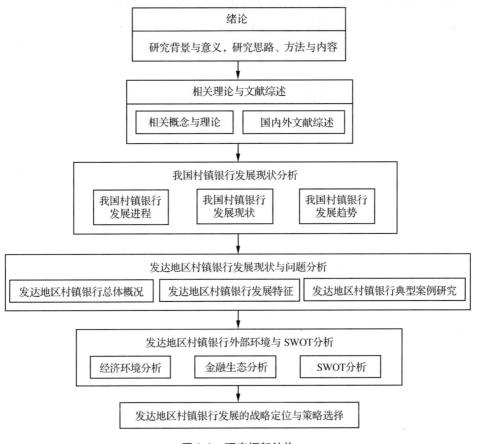

图 1-1 研究框架结构

第三节 研究的贡献和可能的创新

第一,研究内容的创新。本研究契合近年来国家强调乡村振兴、推行普惠金融的政策方针,通过系统梳理村镇银行在我国的发展历程,着重对发达地区村镇银行的外部环境、发展现状、面临挑战进行深入探究,是对发达地区村镇银行发展系统全面研究的尝试。

第二,研究方法的创新。本研究通过实地走访、非结构化访谈和 SWOT 分析等方法,结合当前国家对于村镇银行的最新发展政策,切实了解了以江浙为代表的我国发达地区村镇银行的经营状况、面临的外部环境及挑战,在此基础上有针对性地探索发达地区村镇银行未来发展的战略定位与目标选择,使研究具有针对性和现实指导性。

第三,研究视角创新。本课题以长三角地区村镇银行为研究视角,结合对发达地区村镇银行发展现状的对比分析和发达地区金融生态的外部环境分析,展开对发达地区村镇银行发展所取得之成就和未来面临之挑战的深入研究,从而探讨研究对象未来发展的具体策略选择和发展路径创新,为发达地区,尤其是长三角地区村镇银行的发展提供指引。

第二章

相关理论与文献综述

第一节 村镇银行发展战略的相关理论基础

农村金融供给问题一直是理论界和实务界关注的焦点。在二元社会体制背景下，我国金融产品供给呈现"重城市、轻农村"特征，无论是金融机构数量和覆盖率，还是金融产品类型与数量，农村地区均远远落后于城市，由此成为制约"三农"问题解决的瓶颈。本章将对国内外有关村镇银行发展研究的文献进行系统梳理，并对村镇银行发展的相关理论进行归纳与评价，为后文的研究寻求理论依据和分析逻辑。

一、经典战略管理理论

村镇银行的发展战略问题不仅是金融问题，同时也是金融机构的战略管理问题。经典战略管理理论最早出现于 20 世纪 60 年代。从其核心思想来看，该理论强调企业战略与外部环境之间的相互关系，并提出以 SWOT 分析等来探讨二者的关系。经典战略管理理论的基本思路由钱德勒提出，其后包括"设计学派"和"计划学派"在内的诸多学者对其思想进行完善，由此形成了系统管理理论。具体来看，钱德勒首次认识到外部发展环境对于组织系统的影响，并对环境、战略、组织结构等要素之间的关系进行深入探讨，从而为后期战略管理理论在具体研究对象、研究目标等方面打下基础。其后，诸多学者沿袭钱德勒的分析框架进行探讨，进一步丰富了经典战略管理理论内容。同时,学者在研究过程中,因其关于战略构造问题的理解差异,区分为"设计学派"和"计划学派"两大分支。"设计学派"的代表人物是安德鲁斯,他强调组织机构的管理者应该是企业战略的设计者,设计者将根据各项外部条件对组织未来发展战略进行具体设计;"计划学派"的代表人物是安索夫,该学派更多地将战略理解为一种计划行为,而管理者在组织战略管理实施过程中所起的主要作用是逐步分解和落实战略计划。虽然在具体理论内容上存在偏差,但经典战略管理理论关于企业组织战略管理的理解仍然具有共性,其主要思想表现为如下方面:第一,对于企业而言,其战略管理的目标是有效提升企业市场占有率。基于这一核心认知,整个企业战略管理的具体措施都应该为这一目标服务。其二,对于战略管理而言,其核心要素是有效处理组织机构与其外部环境的关系。经典战略管理理论认为外部环境对于组织发展和管理产生着重要影响,因而在管理实施过程中应该考虑外部环境因素的影响。其三,为了有效应对外部环境变化,企业应该进行组织结构变革,即在企业战略管理的实施过程中,应该通过自身变化来适应外部环境变化。

二、波特竞争战略理论

竞争战略理论出现于 20 世纪 80 年代,在企业管理的理论发展和实践操作中产生了巨大影响。与经典战略管理理论偏重于分析外部环境影响不同,竞争战略理论更加注重分析组织机构之间的关系,尤其强调如何在市场环境下增强组织机构自身的战略竞争力。

波特竞争战略理论的核心思想是如何在市场竞争中取得竞争优势。围绕这一主题,该理论将竞争力影响因素具体限定为两个方面:产业吸引力,即企业所属行业的总体状况;企业相对竞争地位,即企业自身在整个行业竞争环境中所处的地位。基于上述认知,波特竞争战略理论将提升企业竞争力的措施归结于两个方面:一方面,从产业选择情况来看,考虑到不同产业之间的盈利情况有所差异,为了有效提升企业自身竞争力,就应该选择产业吸引力较强、整体盈利水平较高的行业;另一方面,从企业自身竞争力来看,在选定行业的基础上,应该通过加强企业自身在行业内部的竞争力来实现自身盈利目标。围绕不同行业特征、不同企业内部情况,波特提出应该通过对五种具体因素的分析来进行有效定位,即包括竞争者能力、新加入者威胁力、客户议价能力、供货商议价能力及替代品或服务威胁力在内的"五力分析法"。同时,根据不同企业情况,提出三种竞争战略,即成本领先战略、差异化战略与集中战略。

三、核心竞争力理论

核心竞争力理论于20世纪90年代开始出现,其主要观点是关注组织机构在竞争过程中的核心竞争力问题。与前两种战略管理理论不同,核心竞争力理论将关注视野放在企业组织的各种非物质构成方面,并强调这些非物质、非组织因素对于市场竞争所起到的最大作用。核心竞争力理论认为企业组织的核心竞争力源于组织内部的学习能力,以及对于各种技术的协调整合能力。同时,这种非物质类型的核心竞争力会通过组织成员之间的共享而得到壮大。该理论对于企业核心竞争力的具体特点做出了说明:第一,企业核心竞争力的形成与其客户对象存在直接关系,只有能够有效反映客户价值与利益的因素,才能有效构成企业核心竞争力;第二,核心竞争力的构成应该具有特殊性,即其他企业组织很难对这些因素进行仿效和替代;第三,企业核心竞争力具有外延的能力,即非物质的核心竞争力能够通过影响客户对象及其行为,进而影响企业竞争、提升企业市场地位、增加企业盈利,成为推动企业发展的重要因素。

四、农村金融理论

村镇银行的发展背景与主要运营场所是农村金融市场,我们从农业信贷补贴论和农村金融市场论两个方面对农村金融理论进行简要梳理。

农业信贷补贴论是较早的农村金融分析理论,在20世纪80年代前一直处于主流理论地位。从其主要特点来看,农业信贷补贴论强调农村、农业与农户的经济特征,在此基础上分析其市场影响。具体来看,该理论进行分析的一个假设前提是,农村居民由于经济收入水平较为低下,没有相应储蓄能力,由此导致整个农村金融市场处于一种资金供给不足的状态。同时,从农村产业的具体特征来看,由于农业具有收入不确定、投资长期性与低收益等特征,导致以追求利润最大化为前提的商业银行将其放弃,从而导致商业银行不会成为农村金融市场的主要产品供给主体。

在上述理论假设前提下,农业信贷补贴论认为,应该通过宏观经济政策调整来解决农村金融资金缺乏问题,同时应考虑由各种非营利性机构来实施这一调整。该理论在分析过程中还探讨了农村地方贷款(如私人发放的高利贷性质贷款)对于政府金融调控措施产生的影响。该理论分析认为,由于农村经济特点使然,农村金融市场调控的措施应该是以各种非营利性质、贫困补贴性质的信贷方式为主,即农业信贷补贴。

需要说明的是,农业信贷补贴论固然对农村金融市场特征进行了一定程度的考虑,但在其假设中,各种限制过于绝对,与现实状况存在一定差异,因而其结论并不完全正确。实际上,各国农村金融市场的实际情况,也在一定程度上证明该理论存在诸多不足。

与农业信贷补贴论不同,20世纪80年代产生的农村金融市场论肯定了市场机制的调控作用,并由此得出与信贷补贴论相反的政策建议。农村金融市场论在理论假设上与信贷补贴论相反。首先,该理论认为农村金融市场中的主要消费者并非完全没有储蓄能力,实际证明农村、农业以及农户均有一定程度的储蓄能力,在部分经济发展水平较高的地区尤其如此;其次,从对外部资金的需求和依靠程度来看,农村金融市场不能完全依靠外部资金流入,否则将会对贷款利润产生不利影响;最后,如果采用低利息的补贴性质的资金流入方式,则会在长期发展过程中影响农村金融市场消费者的储蓄热情,对于经济发展产生不利影响。

在上述理论假设前提下,农村金融市场论认为应该强调市场机制,强调自由化、市场化的利率调节机制,而不应该通过非市场、政策化的调控机制来对农村金融市场进行管理。诸多地区农村金融市场的实践,在一定程度上证实了该理论的正确性。

第二节 国内外文献综述

一、国外文献综述

国外发达国家农村金融服务的主要组织形式是农村金融机构及社区银行,而没有以村镇银行直接命名的农村金融服务组织,因此关于村镇银行的基础理论研究主要聚焦于以孟加拉乡村银行为代表的发展中国家农村金融机构,而发展中国家农村地区金融服务体系一般由正规金融服务和非正规金

融服务共同组成。对于这两种金融服务模式,主要有以下三种观点:

第一种观点认为,发展中国家农村地区对非正规金融服务的需求更为旺盛。因为对此类地区的低收入人群而言,正规贷款的申办手续繁杂、可贷资金少、个人征信及抵押保障措施标准较高,导致正规金融业务在农村地区发展困难。此外,由于其具有的居住点较为分散、单笔贷款金额小、交易成本过高等不利因素,更使正规金融机构业务进一步萎缩。

第二种观点认为,正规金融服务在发展中国家农村地区同样起到了重要作用。Pitt & Khandker(1998)在针对孟加拉国正规金融扶贫项目的研究中,发现正规金融贷款对于促进孟加拉国农村经济福利的提升起到了重要作用。Zaman(2004)通过对孟加拉国乡村地区银行小额信贷业务的研究,发现该业务模式能够有效优化发展中国家农村地区的金融服务环境,同时认为该业务模式能有效推广到其他发展中国家。

第三种观点则认为,发展中国家农村地区的非正规金融服务与正规金融服务要共同发展,取长补短,两者之间存在着不完全的迭代关系。Fuentes(1996)的研究认为,通过正规金融与非正规金融的相互补充,能够显著提高农民及农村贫困人群的贷款获得率。Coning(2000)的研究指出,非正规金融可以通过正规金融提供的信息优势,降低农村地区贷款风险。

二、国内文献综述

2007年以来,随着我国村镇银行的设立,国内关于村镇银行的发展研究也十分活跃,主要可归纳为以下三个领域:

一是关于村镇银行在发展过程中的市场定位问题。目前国内对村镇银行的市场定位研究主要包含村镇银行的区域定位、目标定位、客户定位和产品定位四个方面。区域定位方面,村镇银行作为县域中小银行,与国外的社区银行类似,是农村地区的"草根银行",市场定位应该是金融服务空白和金融功能缺位的农村地区(章芳芳,2008)。村镇银行的目标定位是服务于"三农",致力于激活农村金融市场,打破大银行垄断的局面,制定切实惠民的放贷政策,缓解农村贫困问题(赵虹,2009)。在客户定位和产品定位上,程昆(2009)、宋静静(2011)认为应分别从消费者、贷款企业和金融产品三个角度出发,通过市场定位的分析,结合实际研究分析中小企业和农民的需求,开发适合农村经济的特色化、个性化信贷产品,打造特色品牌,提升知名度,从而获得竞争优势。总的来讲,诸多学者认为村镇银行的定位应该是服务"农村、农业、农民",通过服务零散的客户和村镇网点,最终构建起农村金融发展网络,实现长远可持续发展(董风景,2014)。滕清蕾(2016)认为,与小额贷款公司相比,村镇银行的发展空间和前景更好,是农村金融改革的创新,有助于填补农村金融的空白和缓解农村资金的外流,同时满足农村多样化的金融服务需求,构建竞争性的农村金融市场,有利于营造一个可持续经营的金融格局。

二是关于村镇银行在发展过程中的系列问题。曹凤岐、夏斌(2012)认为,我国村镇银行在全国范围内尚未形成服务"三农"的规模化和集团化效应,其自身的发展面临一系列问题。杜国林(2013)认为我国村镇银行在不断发展过程中,由于制度设计与自身运营机制的双重约束,造成村镇银行的发展逐步偏离了设立的初衷。股东利益最大化原则,使村镇银行业务大多停留在县城,不符合在金融空白地区布局的经营思路,缺乏明确的市场定位和经营策略,制约了村镇银行服务"三农"功能的发挥。村镇银行社会认同度低,资金来源渠道往往有限,这是因为村镇银行是新生事物,资金规模小,网点少,缺乏乡镇以下的分支机构,金融产品创新能力不足,降低了吸收存款、发放贷款的积极性(王海燕、方首军,2011),而利率市场化以及现代互联网平台上金融产品的竞争,进一步加剧了村镇银行组织资金来源的压力和流动性风险(谢黎诗,2014)。

与国际上村镇银行和社区银行相比,我国村镇银行在获得财政补贴、税收减免和奖惩机制上的政策不够明确,相反政府过多地干预村镇银行的治理,影响了村镇银行社会功能的发挥(冯长,2011)。在监管方面,与其他大型商业银行相比,我国目前对村镇银行的监管并没有体现出太大的差异性,监管部门应特殊问题特殊对待,在健全监管制度、整合监管资源的同时,建立适合村镇银行业务特点的差别化监管政策,避免村镇银行风险敞口过大(程凯、张庆亮,2010)。

三是关于村镇银行可持续发展问题的研究。随着农村经济的逐渐转型和农村金融需求的层次性显现,通过借鉴国外新型农村金融机构的成功经验,结合我国实际情况,学者分别从经营管理、风险管理、制度体系、政策监管四个方面为村镇银行可持续发展提出相应的对策。第一,学者认为村镇银行要明确市场定位,完善公司治理结构,建立科学管理体系,提高自身的经营管理水平,立足农村经济发展需要开展差异化服务,以市场需求为导向设计产品和服务,注重产品创新,积累品牌价值,提高竞争优势(郭军,2013)。此外,要打造村镇银行在社会公众中的认可度,将业务下沉到基层,发挥优势产品,取得群众的信任,并使得村镇银行成为小微企业发展的坚强后盾(刘文军,2018)。第二,加快农村担保体系建设,扩大农村担保物的范围,构建多元化、多层次的农村信贷担保体系,同时加快农村信用体系建设,加强宣传和教育,为村镇银行的发展创造良好的社会环境(金运、韩喜平,2014)。第三,加大政策扶持体系建设,加强政府"三农"支持,在财政和税收方面给予村镇银行支持,加强基层监督管理,完善监督管理机制,合理配置监管资源,落实差异化监管,促进村镇银行可持续发展(刘艳,2014)。第四,村镇银行应建立健全科学长效的风险管理机制,在优化外部风险防控的同时加强内部风险的管治,将村镇银行经营中可能面临的风险进行分类,有针对性地提出相应的管理规范和实施细则,尽可能地降低风险(巩伟,2014)。目前,越来越多的村镇银行实行浮动的利率政策来规避市场风险,但是如何改进存贷业务方面的定价策略和方法,村镇银行仍然有待进一步学习。

总体来看,学界普遍认为当前村镇银行的风险管控能力仍然比较低,村镇银行要在经营过程中深入分析风险形成的原因,建立一个适合村镇银行的风险防控体系,这样能进一步实现村镇银行的可持续发展(罗俊成,2016)。李江辉(2018)以哈尔滨银行发起设立的各村镇银行为研究对象,强调了做好风险控制对村镇银行可持续发展的重要性,在信用风险控制方面,要做好对内部信贷员的管理,加强背景调查和现场调查;在操作风险控制层面,应加强对银行工作人员的管理培训和招聘一批具有专业风险防范知识的专业人才,提高信贷员和贷款审核员的综合素质;在流动性风险管理方面,村镇银行应当完善流动性风险控制体系,将资产与负债规模控制在一定的比例,并根据头寸情况,积极进行各分支机构之间的资金调配,同时在银行内部制定完善的预警机制,增加银行资金补充渠道。

第三章

我国村镇银行发展背景、现状及趋势分析

第一节 我国村镇银行设立的背景与现实意义

一、村镇银行设立的背景

改革开放以后,随着广大县域及农村地区经济的快速发展,"三农"、小微企业对金融服务的需求越来越迫切。而伴随着农村金融改革,我国农村基本上形成了以国有商业银行、政策性银行和农村信用合作社为主体的正规金融体系。与此同时,民间借贷也悄然萌发,形成了一套在法律约束之外的与正规金融体系并存的非正规金融系统。1997年以来,受商业利润最大化的驱使和基于对入市后市场竞争加剧的考虑,经过市场化改革的中国工商银行等各大国有商业银行逐渐从农村撤出。此后,农村金融服务需求越来越难以得到满足,农村金融供需矛盾空前突出。

首先,农村地区金融供给不充分。大型商业银行在农村地区提供金融服务不具备优势,其业务流程通常难以适应小微及"三农"客户的需求特点,也无法解决因信息不对称而带来的高风险和高成本等问题。在市场化改革过程中,大型商业银行在县域的网点陆续撤并,从业人员逐渐精减,一些农村合作金融机构也将信贷业务转向城市,致使部分农村地区出现了金融服务空白。截至2006年年末,全国县域金融机构的网点数为12.4万个,比2004年

减少9 811个。2006年,农村信用社县域网点数为5.2万个,分别比2004年、2005年减少9 087个和4 351个。

其次,金融机构分布不均,西部及乡镇覆盖率较低。从地区分布看,呈现出中西部分布稀疏、东部相对密集,农村分布较少、城市分布较多的特点。截至2006年年末,全国还有3 000多个乡镇没有金融机构网点,占全部乡镇数的近11%;农村每万人拥有金融机构网点为1.3个,比城市低0.7个。资料显示,2006年年末,我国每个乡镇仅有2.13个金融网点,平均每50多个行政村仅有1个金融网点。在乡镇的金融网点中,农村合作金融机构和邮政储蓄机构占到86.45%,除农业银行仍保留部分分支机构之外,其他商业银行分支机构大部分已撤离农村市场,而留下的分支机构网点普遍无法将服务延伸到偏远的农村,致使农村金融服务得不到有效满足。

最后,农村金融资源外流严重,供给不足。商业性银行机构从农村吸收到的存款大多流向了大城市、大集团和大企业,进一步加剧了农村金融资源供给不足的状况。据统计,截至2003年,国有商业银行一共撤销了31 000多个县级以下营业网点,农村金融网点覆盖率越来越低。而1994年成立的政策银行——中国农业发展银行,其业务以支持粮棉油的流通为主,很少涉及农业基础建设,对我国农村金融市场的影响相对较小。因此,我国农村金融市场主要以农业银行、邮政储蓄银行、农村信用合作社(欠发达地区)和农村商业银行(发达地区)为主体,它们成为当前各地区农村金融机构的核心力量。然而,随着中国农业银行不断收缩其在农村的金融业务,邮政储蓄只开展存款业务,农村信用合作社和农村商业银行实际上逐渐形成了在农村金融市场上的垄断地位。然而为了追求利润和加强风险控制,农信社及农商行的资金也存在着向城市和大型乡镇企业流动的趋势,在县域地区吸收了大量储蓄存款,但向农业、农民和农村发放的贷款却很少,不少地方性商业银行甚至不对涉农企业和农民发放贷款,从而使农业资金向非农领域转移,故其经营业务"非农化"倾向相当明显。农村金融需求随着经济发展在不断增加,但供给却严重不足。

总体来说,由于当时我国农村金融发展严重滞后,银行类金融机构偏少,地区网点覆盖率低,供给不足,竞争不充分,大量储蓄资金外流,广大县域及农村地区迫切需要符合地域特点的"小法人"型金融机构,因此设立村镇银行成为顺应经济社会发展的迫切需要。

从宏观层面看,党和国家一直对农民、农村和农业发展给予高度关注和重视,不断出台政策推进农村地区金融改革。针对"三农"及县域地区发展滞后、金融服务问题突出的现状,国家出台了一系列利民惠民和帮扶"三农"发展的政策,一大批改善农村金融服务、助推农村金融改革的政策相继问世。自2004年以来,党中央连续数年在中央1号文件中对农村金融改革进行安排部署。

2004年,党中央下发1号文件《中共中央、国务院关于促进农民增加收入若干政策意见》,指出要从农村实际和农民需要出发,按照有利于增加企业和农户贷款,有利于改善农村金融服务的要求,加快改革和创新农村金融体制。

2005年,党中央下发1号文件《中共中央、国务院关于进一步加强农村工作 提高农业综合生产能力若干政策的意见》(以下简称《意见》),提出培育竞争性的农村金融市场,并要求有关部门抓紧制订农村新办多种所有制金融机构的准入条件和监管办法,在有效防范金融风险的前提下,尽快启动试点工作。《意见》明确指出:要针对农村金融需求的特点,加快构建功能完善、分工合理、产权明晰、监管有力的农村金融体系,抓紧研究制订农村金融总体改革方案。

2006年,党中央下发1号文件《中共中央、国务院关于推进社会主义新农村建设若干意见》,提出要加快推进农村金融改革,并全面提出农村金融改革的思路。同年在《中共中央关于制定国民经济和社会发展第十一个五年规划的建议》中,提出要深化农村金融体制改革,规范发展适合农村特点的金融组织,探索和发展农业保险,改善农村金融服务,明确了对于培育农村新型金融机构的要求。

2007年,党中央1号文件《中共中央、国务院关于积极发展现代农业 扎实推进社会主义新农村建设的若干意见》提出了进一步发挥农行、农发行在农村金融中的骨干和支柱作用,继续深化农信社改革,尽快明确县域内各金融机构新增存款投放当地的比例,引导邮政储蓄等资金返还农村,大力发展农村小额贷款,在贫困地区先行开展培育农村多种所有制金融组织的试点。

2009年,党中央下发1号文件《中共中央、国务院关于2009年促进农业稳定发展农民持续增收的若干意见》,提出要在加强监管、防范风险的前提下,加快发展多种形式的新型农村金融组织和以服务农村为主的地区性中小银行。

2010年,党中央下发1号文件《中共中央、国务院印发关于加大统筹城乡发展力度 进一步夯实农业农村发展基础的若干意见》,提出了加快培育村镇银行、贷款公司、农村资金互助社等农村金融机构,有序发展小额贷款组织,引导社会资金投资设立适应"三农"需要的各类新型金融组织。

2012年,党中央发布1号文件《中共中央、国务院关于加快推进农业科技创新 持续增强农产品供给保障能力的若干意见》,提出要发展多元化农村金融机构,鼓励民间资本进入农村金融服务领域,支持商业银行到中西部地区县域设立村镇银行。

2013年,党中央发布1号文件《中共中央、国务院关于加快发展现代农业 进一步增强农村发展活力的若干意见》,提出支持社会资本参与设立新型农村金融机构。

2014年,党中央下发1号文件《中共中央、国务院关于全面深化改革 加快推进农业现代化的若干意见》,提出积极发展村镇银行,逐步实现县市全覆盖,符合条件的村镇银行可适当调整主发起行与其他股东的持股比例。

2015年,党中央发布1号文件《中共中央、国务院关于加大改革创新力度 加快农业现代化建设的若干意见》,提出要提高村镇银行在农村的覆盖面,积极探索新型农村合作金融发展的有效途径,稳妥开展农民合作社内部资金互助试点,落实地方政府监管责任。鼓励开展"三农"融资担保业务,大力发展政府支持的"三农"融资担保和再担保机构,完善银行与担保业的合作机制。

2016年党中央1号文件《关于落实发展新理念 加快农业现代化 实现全面小康目标的若干问题》提出,要"加快构建多层次、广覆盖、可持续的农村金融服务体系,发展农村普惠金融,降低融资成本,全面激活农村金融服务链条。创新村镇银行设立模式,扩大覆盖面",为新村镇银行的发展进一步指明了方向。

从中国银行业监督管理委员会于2006年12月出台《关于调整放宽农村地区银行业金融机构准入政策,更好支持社会主义新农村建设的若干意见》,为发展村镇银行这一新型金融机构提出政策指导算起,村镇银行已有了十二年的发展历程。十二年间,银监会在提高农村金融服务覆盖率、鼓励包括民间资本在内的各类资本投资设立村镇银行、增加农村地区金融供给、实施严格风险监管等方面,不断加大对村镇银行的培育和管理,同时,通过不断完善监管政策,充分发挥主发起行的主导作用,积极稳妥地引进资本投入,促进农村地区形成投资多元、种类多样、覆盖全面、治理灵活、服务高效的银行业金融服务体系,以更好地改进和加强农村金融服务,支持社会主义新农村建设。自此确立了村镇银行业的历史责任担当与服务"三农"和"小微"的宗旨,成为发展普惠金融的新生力量。可以说,设立村镇银行是响应国家发展"三农"政策的具体实践。

二、我国村镇银行的历史使命及定位特点

(一)村镇银行的历史使命

"深耕'三农'、服务小微"既是时代赋予村镇银行的历史使命,也是村镇银行发挥比较优势,实现差异化、特色化发展的必然选择。在贯彻国家"三农"战略,提升县域金融服务水平,助力县域经济发展的过程中,村镇银行承担着振兴农村经济的历史使命和重要责任。

首先,村镇银行承担着"支农支小"、服务基层的重任。面对农村金融市场投入不足、服务缺失的现实情况,村镇银行在市场定位上就是重点服务"三农"和中小企业。村镇银行必须始终坚持"支农支小"的市场定位,坚持小额、流动、分散的原则,面向"三农",面向社区,积极探索灵活、便利的信贷管理和服务模式,增强金融服务功能,充分利用扎根村镇的优势解决农村金融服务的空白,着力消灭金融盲区,努力扩大服务覆盖面。

其次,村镇银行承担着创新符合县域特点的产品和服务,扩大金融服务覆盖面的重任。为解决农村金融市场产品单一、风险大的短板,村镇银行应不断探索县域和"三农"金融特点,准确定位目标客户群,进行产品创新,推出符合客户需求的多样化金融产品;不断创新经营方式,完善金融服务功能,建立高效、安全的支付清算系统,改善村镇银行的结算功能和支付条件,为客户提供与其生活密切相关的支付结算服务,促进农村经济发展。

最后,村镇银行应当承担扶贫攻坚的历史使命。广大县域及农村地区是脱贫攻坚的主战场,也是金融服务的薄弱地区。村镇银行应勇于承担社会责任,坚守底线、锐意创新,在补齐农村经济短板、帮助贫困地区脱贫过程中,更好地发挥自身灵活、高效、及时的特点,为脱贫攻坚贡献力量。扶贫工作是党中央、国务院的一项重要战略部署,农村金融扶贫是我国扶贫开发战略部署

的重要组成部分,是新阶段扶贫开发的一项重大举措,对推动贫困地区经济社会发展有着积极的意义。

村镇银行在扶贫攻坚方面具有独特的先天优势,具有独立法人地位,具备管理半径小、决策路径短、服务效率高等特点,能够将金融资源有效精准地配置到"三农"和小微企业等经济社会发展的薄弱环节,更好地满足弱势群体差异化、个性化的金融服务需求。村镇银行作为新型农村金融机构,行业发展已初具规模,在改善县域金融服务、补齐农村经济短板过程中应发挥更为重要的作用。村镇银行已成为服务"三农"和小微企业,履行金融扶贫使命的生力军。

(二)村镇银行的定位与功能特点

村镇银行作为新型农村金融机构,也是县域的法人机构,肩负着合理配置农村金融资源、服务县域实体经济的历史使命,在定位和功能方面有别于政策性银行和传统商业银行。它具有如下特点:

第一,设立地域以中西部地区县域为主,准入门槛低。村镇银行的一个重要特点就是机构设置优先安排在中西部、东北和海南省县(市)及县(市)以下地区,以及其他省(自治区、直辖市)的国定贫困县和省定贫困县及县以下地区。同时,根据《村镇银行管理暂行规定》,在地(市)设立的村镇银行,其注册资本不低于人民币5 000万元;在县(市)设立的村镇银行,其注册资本不得低于300万元人民币;在乡(镇)设立的村镇银行,其注册资本不得低于100万元人民币,准入门槛相比商业银行非常低。

第二,市场定位为"支农支小",经营范围受到严格限制。村镇银行主要为当地农民、农业和农村经济发展提供金融服务,为有效满足当地"三农"发展需要,确保村镇银行服务"三农"政策的贯彻实施,《村镇银行管理暂行规定》中明确要求村镇银行不得发放异地贷款,在缴纳存款准备金后其可用资金应全部投入当地农村发展建设,发放贷款首先应充分满足县域内农户、农业和农村经济发展的需求,然后才可将富余资金投入其他方面。

第三,独立法人机构,决策速度快,治理效率高,发展空间大。作为独立的法人企业,村镇银行根据现代企业的组织标准建立和设置组织构架,管理结构扁平化,管理层次少,中间不易断开或产生时滞,决策链条短、反应速度相对较快,业务流程结构与农业产业的金融资金要求较为贴合。这些差异化发展的禀赋条件,决定了村镇银行在县域拥有较强的比较优势。与整体银行业竞争程度相比,农村金融市场竞争压力相对较小,发展空间巨大。

第四,独特的发起人制度和多元化的股权结构。村镇银行具有独特的发起人制度。银监会2007年规定,村镇银行的设立必须由一家符合监管条件、管理规范、经营效益好的商业银行作为主要发起银行,并且单一金融机构的股东持股比例不得低于20%。此外,单一非金融机构企业法人及其关联方持股比例不得超过10%。2012年,为了鼓励民间资本投资村镇银行,银监会又出台了《关于鼓励和引导民间资本进入银行业的实施意见》,将主发起行的最低持股比例降至15%,进一步促进了村镇银行产权结构的多元化。

第五,信贷措施灵活,贷款额度小额、分散。村镇银行所奉行的贷款原则为小额、分散,以此达到弥补农村金融服务空白的目的。小额的贷款原则体现为限制对同一借款人放贷的最高限额,对个人不超过资本净额的5%,对集团企业客户不超过资本净额的10%,制度规定方面严格限制大额贷款,促进村镇银行的目标客户向下,向小企业以及农户提供小额贷款。

(三)村镇银行与其他农村金融机构的对比

(1)村镇银行在经营原则上与邮储银行相似,都是按照商业化的原则经营,并且以利润最大化为目标,但是二者在注册资本、组织结构、市场定位、业务特点等方面均有差异。详见表3-1。

表3-1 村镇银行与邮储银行对比

对比项目	主要内容
注册资本	村镇银行在层次上低于邮储银行,并且成立村镇银行只需要由一家商业银行作为发起人,有利于吸引民间资本的入股,增强银行资本的灵活性。
组织机构	村镇银行较邮储银行更为简单,由此也简化了决策程序,缩短了审批流程,使其能够更加灵活地适应我国不同农村地区多样化的金融需求。
市场定位	村镇银行主要是为其设立当地的农户和小企业提供个性化的金融服务,针对当地产业的季节性、周期性等特点设计产品,而邮储银行的经营范围要广得多,并且大多数业务具有一定的共性,缺乏差异性的金融产品。
业务范围	村镇银行的业务经营范围虽然比一般商业银行小,但是其业务具有较强的针对性和灵活性,尽管业务种类少,但是其金融产品的种类较多,可以将产品细化到客户,从而使我国农村地区个性化的金融需求得到满足。

(2)村镇银行与农村信用社都是以服务"三农"为宗旨的农村金融机构。长期以来,我国农村地区借贷市场一直处于被农信社垄断的状态,因此,当人民银行宣布放宽其贷款利率上限后,信用社的贷款利率更是一浮到顶,使得大多数农村地区的贷款户非常不满。另外,在利润的驱动下,信用社的资金也出现了"农转非"的现象,抽走了农村地区的大部分存款。村镇银行与信用社的对比如表3-2所示。

表3-2 村镇银行与农村信用合作社对比

对比项目	主要内容
设立方式	信用社具有合作金融的性质,而村镇银行是由商业银行作为发起人以股份制的方式设立的。从表面上看,村镇银行是独立经营、自负盈亏的社区银行,但是,商业银行作为村镇银行的发起人,持有银行的多数股份,因此,村镇银行在发展过程中可直接吸纳商业银行中完善的管理制度和服务理念,使村镇银行设立之初在服务水平、经营环境等方面都优于农村信用社。
业务区域	出于市场主体的逐利性,农信社的业务扩张已远远超出了设立的初衷,而《村镇银行管理暂行规定》中明确指出村镇银行不得跨地区办理业务,这就有效防止了农村资金的外流。
综合服务	股份制的设立方式和商业化的经营原则有利于村镇银行进行内部管理,简单的组织结构,专业的工作团队,拥有比信用社更强的创新能力,村镇银行可以深入研究和挖掘当地最基层的农村金融需求,开发具有针对性的金融产品,有效弥补农信社的不足。

综上所述,村镇银行作为新型银行业金融机构的主要试点机构,在定位及功能上有着其他商业银行都不具备的独特优势。

第二节 我国村镇银行的发展进程与现状

一、我国村镇银行的发展进程

我国村镇银行从无到有,大体上经历了初步试点、积极推进和稳步发展三个阶段。

第一阶段：2006年12月至2010年3月的初步试点阶段

2006年12月，银监会下发了《关于调整放宽农村地区银行业金融机构准入政策，更好支持社会主义新农村建设的若干意见》，提出了"低门槛、宽准入、严监管"的农村地区金融机构发展总体思路，明确了在四川、青海、甘肃、内蒙古、吉林、湖北六省（区）率先开展试点。

2007年1月，银监会发布了《村镇银行管理暂行规定》和《村镇银行组建审批工作指引》，为村镇银行的发起设立和经营管理提供了制度保障。《村镇银行管理暂行规定》就村镇银行的性质、法律地位、组织形式、设立方式、股东资格、组织机构、业务经营、审慎监管、市场退出等方面分别做出详细规定，体现了"低门槛、严监管"的原则，即在出资人或发起人条件、注册资本、业务准入、高级管理人员任职资格、公司治理等方面进行适当调整和放宽，而在村镇银行的审慎经营、银行业监督管理机构对村镇银行审慎监管的要求方面做出了严格规范。

2007年3月，全国第一家村镇银行——四川仪陇惠民村镇银行在四川省仪陇县成立。后经国务院同意，银监会又将试点省份从已有的6个省区扩大到了全部31个省（自治区、直辖市）。2008年，全国村镇银行设立步伐逐步加快，中国农业银行率先在湖北和内蒙古发起设立了两家村镇银行，开创了大型商业银行发起设立村镇银行的先河，此后建行、交行、民生、浦发等大中型银行纷纷涉足村镇银行领域。截至2008年年末，全国已开业的村镇银行达91家。2009年3月，为进一步推动村镇银行发展，财政部发布《关于实行新型农村金融机构定向费用补贴的通知》，对达到条件的村镇银行，在2009年至2011年间按照上年末贷款余额的2%给予补贴。

2009年6月，银监会又出台《小额贷款公司改制设立村镇银行暂行规定》，允许符合条件的小额贷款公司改制成为村镇银行。2009年7月，为推动包括村镇银行在内的新型农村金融机构快速发展，银监会编制了《新型农村金融机构2009—2011年总体工作安排》，计划三年内在全国设立1 294家新型农村金融机构，其中村镇银行1 027家。

在全面试点阶段，村镇银行的发展呈现出以下特点：一是主发起行对在东部地区发起设立村镇银行更加积极。自2007年10月东部地区放开设立村镇银行试点以后，由于经济、金融环境具有相对优势，这些地区设立村镇银行的进度明显快于中西部地区。二是城市商业银行和农村商业银行（农信社)等区域性中小银行是发起设立村镇银行的主力军。2008年,由这两类金融机构发起设立的村镇银行数量占总体的比重超过80%。三是汇丰银行等外资银行也开始试水在中国内地成立村镇银行。

第二阶段:2010年4月至2011年7月的积极推进阶段

2010年4月,银监会下发了《关于加快发展新型农村金融机构有关事宜的通知》,要求各地强化执行力,确保执行三年规划,并制定和调整了一系列政策。2010年5月,国务院发布《关于鼓励和引导民间投资健康发展的若干意见》,鼓励民间资本参与设立村镇银行。准入政策的调整,大大调动了主发起行设立村镇银行的积极性。国家开发银行及四大国有商业银行、全国性股份制商业银行、城市商业银行、农村商业银行(含农村合作银行、农村信用社)等各类金融机构积极参与发起设立村镇银行,也为民间资本参与金融业务开辟了更加宽广的路径。同时,由于城商行、农商行跨区域设立分支机构受限,村镇银行也成为其突破原有的地域限制,获得持续发展的新的增长点。

在国家政策的持续推动下,村镇银行进入了一个较为快速的发展时期。从大型银行及外资层面看,中国银行与新加坡淡马锡下属的富登金融合作,按照批量化、规模化、集约化方式发起设立中银富登村镇银行。2011年3月,中银富登村镇银行在国家级贫困县湖北省蕲春县正式设立了第一个法人银行——蕲春中银富登村镇银行。截至2016年年底,中银富登村镇银行已建成全国最大的村镇银行集团,法人机构达到82家,地区分布以中西部或薄弱县域为主,在商业模式、风险内控、IT基础设施建设等方面都打下了坚实的基础,实现了持续稳健发展。从股份制银行方面看,浦发银行、民生银行也纷纷加快设立步伐。一些城商行和农商行在跨区经营监管尺度收紧的情况下,也将重点转移到发起设立村镇银行上。全国先后有10个地区获准开展地(市)村镇银行试点,全国首家地(市)村镇银行——湘西长行村镇银行在湖南开业。截至2010年年末,由国家开发银行及四大行发起的村镇银行占全部村镇银行的7%,全国性股份制商业银行发起的约占10%,城市商业银行发起的约占50%,农村商业银行(含农村合作银行、农村信用社)发起的约占30%,外资银行发起的约占3%。虽然受制于自身资本规模和管理能力,城市商业银行和农村商业银行发起设立村镇银行能力有限,但在不断创新的股权及管理模式下,村镇银行不仅成为城市和农村商业银行实现跨区经营的渠道,也为民间资本参与金融业务开辟了更加宽广的路径。

第三阶段：2011年7月至今的稳步发展阶段

随着村镇银行业的快速发展，部分村镇银行主发起行资质把关不严、管理成本高、管理能力不足等问题日益凸显。为解决这些发展中暴露出的新问题，2011年7月，银监会发布了《关于调整村镇银行组建有关事项的通知》。一是调整组建村镇银行的核准方式，由原来的银监会负责指标管理、银监局确定主发起行和设立地点并具体实施准入的方式，调整为由银监会确定主发起行及设立数量和地点，由银监局具体实施准入的方式；二是完善村镇银行挂钩政策，地点上由全国范围内的点与点挂钩，次序上按照先西部地区、后东部地区，先欠发达县域、后发达县域的原则组建；三是明确要求村镇银行主发起行按照集约化发展、地域适当集中的原则，规模化、批量化发起设立村镇银行；四是提高主发起行门槛，除监管评级2级以上、满足持续审慎监管要求外，还要具备明确的农村金融市场发展战略规划，专业的农村金融市场调查能力，翔实地拟设村镇银行成本收益分析和风险评估能力，足够的合格人才储备，充分的并表管理能力及信息科技建设和管理能力，已经探索出的可行有效的农村金融商业模式以及有到中西部地区发展的内在意愿和具体计划，等等。

银监会《关于调整村镇银行组建有关事项的通知》的发布，引导和鼓励主发起行按照集约化、专业化原则发起设立村镇银行，有效解决了村镇银行协调和管理等问题，促进村镇银行合理布局，进一步提高了组建质量，使得前期井喷式建立村镇银行的模式变得更加规范，村镇银行发展进入了平稳有序的新阶段。2011年年末，全国已开业村镇银行各项贷款余额1 316亿元，80%以上用于"三农"和小企业。已开业村镇银行加权平均资本充足率为30.5%，总体上运行平稳，风险处于可控范围。到2013年10月13日，随着马鞍山农商银行发起的甘肃永登新华村镇银行正式挂牌成立，我国村镇银行数量达到了1 000家。2017年年末，全国已组建村镇银行1 562家，2018年6月，全国村镇银行数量已经超过1 600家，达到1 605家。2012年至2018年，村镇银行数量以平均每年150多家的速度稳步增长，发展总体保持平稳。见图3-1。

二、我国村镇银行的发展现状与成就

经过十多年的发展，村镇银行坚守扎根县域、服务"三农"、助力县域经济

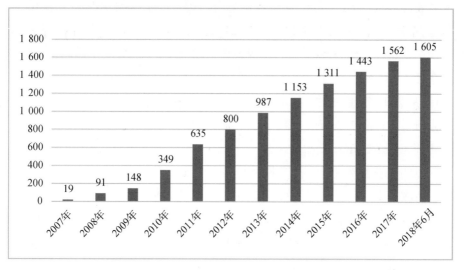

图 3-1 近十年我国村镇银行数量增长情况(单位:家)

发展使命,在为县域地区经济社会发展做出应有贡献的同时,自身的发展规模和经营水平也得到了显著提升。自从 2006 年 12 月银监会发布《关于调整放宽农村地区银行业金融机构准入政策,更好支持社会主义新农村建设的若干意见》,首次对包括村镇银行在内的农村金融机构的准入条件、设立方式、监管措施等进行了原则性阐述,并确定四川、青海、甘肃、内蒙古、吉林、湖北 6 省(区)的农村地区作为首批试点区域以来,到 2017 年年末,全国共组建村镇银行 1 562 家,县市覆盖面 67%。从地域覆盖情况看,湖北、辽宁、江苏、吉林、海南、重庆、宁波、青岛、上海、天津 10 省(市)已实现县域全覆盖,山东、安徽、浙江省县域覆盖率超过 90%。中西部共组建村镇银行 980 家,占村镇银行总数的 64.5%。从业务发展情况看,全国已组建的村镇银行资产总额 12 377 亿元,负债总额 9 835 亿元。

在我国经济发展进入新常态、金融市场化进程加速的大背景下,随着广大县域及农村地区金融需求的快速增长,村镇银行作为新型农村金融机构,在补齐农村经济短板、帮助贫困地区脱贫过程中发挥了很大作用。在县域及农村牧区村镇银行覆盖率不断提升的情况下,村镇银行取得的成效集中体现在以下几个方面。

(一)显著增加了对农村、牧区和小微企业的信贷资金投放

扩大农村牧区金融供给、为"三农"服务是设立村镇银行的初衷,为所在

区域农民、农业和农村经济发展服务是村镇银行的根本宗旨。截至2016年年末,全国村镇银行各项贷款余额7 021亿元,户均贷款余额41万元;农户与小微企业贷款余额6 526亿元,其中农户贷款余额2 665.4亿元,小微企业贷款余额3 860.6亿元,农户、小微企业贷款余额占比达到93%。据银监部门统计,从2007年年初试点起步到2018年6月末全国先后开业的1 605家村镇银行已累计向352万农户和小微企业发放贷款580万笔,累计发放贷款金额达到3万多亿元。

以四川省为例,四川省50家村镇银行2016年年底总资产为690亿元,所有者权益72.6亿元,组织存款506亿元,信贷余额349.73亿元,信贷惠及2.89万个家庭、7 840家个体工商户和2 800多户小微企业,90%的信贷投向了"三农"和小微客户,成为四川省激活县域金融服务的新生力量。从2007年3月1日四川仪陇惠民村镇银行开业到2016年12月末,四川村镇银行累计对农户家庭、重点户、种养大户提供各类贷款近3 000亿元,开发服务"三农"的产品650多个,绝大多数系信用、担保、联保等适宜"三农"及小微企业的产品。不仅增强了支农惠农的信贷覆盖面,提升了农户的融资可得性,激活了县域银行同业的信贷竞争性,降低了"三农"的融资成本,遏制了相应资金持续从县域流出,增大了对县域经济的融资支持,而且村镇银行以其特色性、品牌性产品,丰富了对"三农"和小微企业的服务,体现出互惠性与竞争力,极大地改善了"三农"金融消费需求格局。

(二)加强了对边远地区、农村牧区的金融服务

村镇银行将下设网点向县域、乡镇、牧区等金融薄弱区域以及批发市场、商贸集市、工业园区及科技园区等小微企业集中地区延伸。在暂不具备条件设立营业网点的金融机构空白乡镇,通过布放自助机具以及其他电子化服务渠道等,进一步加强对农村牧区的金融服务,履行支农支牧社会责任。通过设立便民服务点、开通流动服务车、创新"马背银行"等做法,打通边远地区金融服务"最后一公里"。

鄂温克包商村镇银行由包商银行发起,位于全国"三少民族"(指鄂伦春族、鄂温克族和达斡尔族)自治旗之一的内蒙古呼伦贝尔市鄂温克族自治旗,于2009年4月开业,是全国首家进驻"三少民族"自治县域的村镇银行,也是呼伦贝尔草原第一家村镇银行。服务两旗4万平方公里土地上的6万牧民,全部网点均设在乡镇,已覆盖73个嘎查(村),信贷服务村镇覆盖率80%,存

量信贷客户数7 600户,涉牧比例90%。无抵押客户占比超过70%,平均单笔贷款10万元,最低单笔贷款1 900元。创新研发包括牧民授信贷款、草场经营权抵押贷款、牧民合作社贷款、牧民联保贷款的系列牧民贷款产品——"塔拉四宝",针对牧区小微企业融资难现状,将源自德国IPC技术的微贷项目引入草原,取名塔拉(蒙语:草原)微贷,包括塔拉出租车贷、塔拉丽人贷、塔拉旅游贷等多个子产品,最低发放单笔贷款额度1 000元。他们还成立马队,根据需求为牧民及时发放贷款,塑造"牛羊在,贷款安"的牧区普惠信贷文化,被称为草原上的"马背银行"。

(三)有效促进了金融扶贫工作的开展

"三农"、小微企业等弱势群体的金融服务体系如何建立,一直是各国亟待破解的难题,农户、小微企业、个体工商户由于规模小而分散、经营不固定、抗风险能力弱、缺乏足值抵押物等特征,普遍存在融资难融资贵的问题。村镇银行利用地处县域、农村,贴近和深入了解贫困农户、个体户这一优势,坚持"做散、做小"的市场定位,坚持本土化经营,在实现自身健康可持续发展基础上,完成扶贫攻坚任务,充分发挥金融助推脱贫攻坚功能。在全国758个国家扶贫开发工作重点县和集中连片特殊困难地区县中(不包含西藏),村镇银行已覆盖401个。

由武汉农商银行发起设立的长江村镇银行以金融支持"精准扶贫"的创新实践就是很好的一例。长江村镇银行是以"长江"品牌来命名的系列村镇银行的总称。多年来,长江村镇银行始终坚持"立足县域、服务社区、支农支小支民生"的职能定位,秉承"兴一方经济,富一方百姓,创一方诚信,促一方和谐"的经营宗旨,共在广东、云南、海南、广西、江苏、湖北6个省份发起设立了47家村镇银行,目前已开业32家。一直以来,长江村镇银行着力以业务发展带动"精准扶贫"、以"精准扶贫"促进业务发展,通过不断探索,取得了很好的成效。截至2016年年末,长江村镇银行共对接县乡两级政府72个,引进扶贫专项资金14亿元,引入扶贫项目19个;共建档立卡贫困户34 337户,累计发放扶贫贷款10.76亿元,支持就业创业、扩大再生产6 214人次,直接或间接帮助8 113户贫困户脱贫,实现了经济效益和社会效益的双丰收。

(四)已成为民间资本进入银行业的重要渠道

村镇银行产权结构体现出多元化的特点,激活和调动了民间资本参与农村金融机构的积极性,壮大了村镇银行资金实力。特别是村镇银行的发起行制等制度安排,跨区域的资本流动,增加了西部地区的信贷服务总量和居民收入,增强了村镇银行公司治理的有效性,实现了资本的有效配置,促进了区域平衡发展,优化了股权结构,强化了战略定位,提升了村镇银行持续经营及抵御风险的能力,在追求股东价值和履行社会责任方面都发挥了积极的作用。从2006年12月银监会调整放宽农村地区银行业金融机构的准入政策、支持各类符合条件的民间资本来县域参与设立村镇银行到2016年年末的数据来分析,全国已组建村镇银行1 519家,资产规模达到1.24万亿元,村镇银行实收资本1 135亿元,其中引进民间资本达到815亿元,民间资本占村镇银行资本总额的比例为72%。民间资本已成为村镇银行资本的主要来源,村镇银行也已成为民间资本进入金融领域的主渠道。

以天津为例,天津的村镇银行起步于2008年8月——天津首家村镇银行天津市蓟县村镇银行挂牌营业。十年来,天津银监局持续推动村镇银行组建工作,在全市范围内稳步推动设立了13家村镇银行,实现城区、县域村镇银行全覆盖。2012年年初,天津银监局在全国率先提出村镇银行"本土化、民营化、专业化"发展思路,通过增资扩股,吸纳本土优质民营企业,完善公司治理,推进了专业化经营。本土化是村镇银行的生命和灵魂,使村镇银行成为真正融入当地、扎根基层的"草根银行",在服务"草根经济"的过程中实现互惠互利、共生共荣。村镇银行的民营化,为农村大量闲置资金找到了长期可靠的投资渠道,民营资本在获得相对稳定收益的同时,也为增强银行资本实力、激活银行经营体制做出了贡献。村镇银行发展突出差异化,充分优化内部机制,发挥小法人银行应有的"灵活、方便、快捷"优势,在产品、服务、目标客户市场等方面形成竞争优势,提高了差异化竞争能力。在"三化"过程中,天津市村镇银行共吸纳本土民营资本19.19亿元,本土股权占比达到52%,较改制前提高32个百分点;民营资本占比达到83%,高出全国平均水平12个百分点;多家村镇银行引入微贷技术,通过产品创新、流程创新,专业化服务水平得到有效提高。"三化"村镇银行已成为撬动天津市城乡一体化发展的有力杠杆。经过十年的发展,目前村镇银行在健全农村金融体系、发展普惠金融等方面发挥了重要作用,成为天津市"支农支小"的生力军。

第三节 我国村镇银行未来发展趋势

　　村镇银行不仅是信贷资金的提供者,而且是稀缺资源的分配者,也是建立区域特色经济的组织者和推动者。通过将稀缺资源分配给弱势群体、农民、小微企业主,从而改变区域经济结构。面对与其他大银行和传统的金融机构相比存在的短板,如业务品种单一、社会认知度低、综合竞争能力较弱等,大多数村镇银行能够坚持"不改初心",坚定地走"支农支小"的道路,按照"小额、分散"的基本原则改进服务模式和产品设计,沉下去,不做大,真心服务,努力打造"支农支小"专业化、特色化银行。通过在县域和农村扎根,在市场定位、竞争策略、服务模式、产品设计与内部经营管理方面下足功夫,村镇银行真正实现了可持续发展。

　　十多年来,村镇银行积极营造和谐可持续的发展环境,降低运营的制度性、体制性、经营性成本,以服务普惠金融发展为运营的重要前提,将改善"三农"和小微企业发展所需小额分散信贷服务环境作为最重要任务。同时,全国村镇银行认真维护与股东、客户、中央银行、监管部门、地方党政机关、中介服务、新闻媒体、自律组织及银行同业间的关系,使彼此的沟通、联动与协同顺畅,努力创建行业品牌,努力打造以客户为本的公共环境,推进着村镇银行的可持续发展。

一、多方共树普惠服务公共性

　　近年来,村镇银行坚持普遍实惠、供需互利服务的前提,对注册区域的城乡居民、"三农"和企事业单位开展兼具公共性银行业的基本服务。同时,村镇银行及其控股银行协同银监部门、人民银行、行业协会,围绕县域银行服务的公共环境,积极开展舆论引导、形象宣传、品牌建设等工作,确保金融服务的安全、便捷与开放。村镇银行筹建、组建与开业过程中的新闻通稿、条幅宣传、公益广告、墙面广告、视频信息、微信服务等均围绕着银行服务的公共性与普遍性而展开,争取潜在客户的认同与回应,为发展普惠金融服务奠定良好的环境基础。

二、"支农支小"服务多元性氛围浓厚

　　村镇银行在服务"三农"、服务小微企业的基础工作中,不断进行产品和

服务的多元化,政府、企业、事业单位、家庭、个人在村镇银行开设账户不设禁止性的服务限制,由资产、负债和信用中介服务联结的开放性服务使得村镇银行在业务对象、业务服务方式、业务服务质效等方面的多元性环境不断优化。村镇银行成立十多年来,仅四川村镇银行业务服务中便有近百万的各类存款客户,逾5万户的"三农"和小微企业借款客户,村镇银行具有针对性、适应性与简约性的产品,赢得了客户的认同与忠诚。

三、明确市场定位,构筑稳定收益环境

因村镇银行经济规模较小、辐射范围有限,近年来各村镇银行积极定位于"服务县域经济",坚定不移地加强政策定位约束,紧密地扎根县域,支持县域经济发展,吸收县域优质客户。由县域辐射到乡镇,逐步设立分支机构,并根据农村市场的实际情况,基于"三农"特色,有针对性、有目的性地提供金融服务。同时,村镇银行加大宣传力度,提高当地企业、居民、农户的认知度和信任度,牢牢抓住了县域和农村市场。

四、便捷的"互联网+"环境初步显露

随着农村地区宽带网络的普及、终端智能产品的下乡、互联网购物的便捷,最新兴的互联网金融与最古老的农业也开启了"互联网+'三农'"的新模式。村镇银行结合当前农村金融服务环境现状和群体特征,研究制订互联网金融服务"三农"的方案,全面推进互联网金融在"三农"领域的发展和应用,近几年已经逐步建立起适应互联网生态环境、适应互联网用户习惯、满足"三农"群体特色需求的多层次、全业态、开放融合的产品和服务体系,实现存、贷、汇三大类业务无缝融入以用户为中心的互联网金融生态中,直接对接用户生产经营和生活消费的各类场景。

实践证明,我国村镇银行的快速发展,不仅提高了农户和小微企业金融服务的可获得性,弥补了老少边穷地区金融服务的短板,为老弱病残等特殊群体提供了便捷的基础金融服务,推进了城乡协调发展,而且在构建多层次、广覆盖、可持续的农村普惠金融体系,建立城市资本回流农村渠道,激活农村信贷市场,弥补商业性金融机构"空位",增强和改善县域金融服务,实现资源优化配置等方面均取得了显著成效,将普惠金融落到了实处。

第四章

发达地区村镇银行发展现状与问题分析

  2006年12月,银监会下发《关于调整放宽农村地区银行业金融机构准入政策,更好支持社会主义新农村建设的若干意见》,开始了村镇银行的设立试点工作,在十多年的时间里,全国村镇银行发展迅速。发达地区经济基础较好,"三农"和小微企业金融需求旺盛,更能吸引各大银行作为主发起行设立村镇银行,填补农村金融体系的空白,改进和加强农村金融服务。本章研究发达地区村镇银行的发展现状与问题,其中将发达地区的重点聚焦于苏浙沪地区。

第一节 发达地区村镇银行总体发展概况

一、发达地区村镇银行发展规模分析

  村镇银行作为县域"支农支小"专业化社区银行,是发展普惠金融、助力精准扶贫和服务乡村振兴战略的新生力量,已成为农村金融服务体系不可或缺的重要组成部分。截至2018年6月末,全国共组建村镇银行1 605家,县市覆盖率67%,覆盖了415个国家贫困县和连片特困地区县。已开业的村镇银行资产总额达到1.4万亿元,农户和小微企业贷款合计占比91.8%,户均贷款34.9万元。东部发达地区共组建555家村镇银行,占比34.58%,其中山东、江苏、浙江等省份的村镇银行发展规模排在全国前列,处于领先水平。

本章对江苏、浙江、苏浙沪地区及整个东部地区的村镇银行进行考察和对比,由点及面地反映发达地区村镇银行的总体发展规模和水平。

(一)江苏省村镇银行发展规模分析

江苏省是我国村镇银行发展最为成熟的地区之一,村镇银行数量规模位居全国前列,2008年,江苏省第一家村镇银行江苏沭阳东吴村镇银行成立,截至2017年年末,江苏已开业村镇银行74家,覆盖13个设区市、72个县(区),是全国率先实现县域全覆盖的9个省份之一,形成了初具规模、富有特色的村镇银行板块。

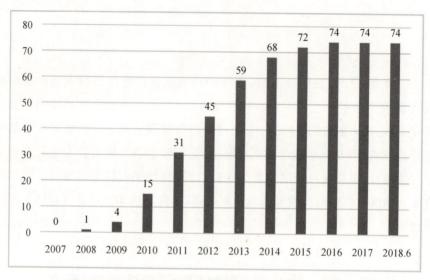

图4-1　2008—2018年6月江苏省村镇银行数量(单位:家)

由图4-1可以看出,江苏省村镇银行数量逐年增加,2010年起开始快速增加,仅2011年就新增16家,之后两年增速依旧较快,从2015年开始增速趋于平缓,2016年年末至2018年6月,保持在74家。这种增长趋势与全国村镇银行发展趋势相符。十年间江苏省村镇银行的资产规模增长了约8倍,截至2016年年末,江苏省辖内村镇银行资产总额达725亿元。

(二)浙江村镇银行发展规模分析

浙江省同江苏省一样,是我国村镇银行发展较快的省区。自2008年设立首家村镇银行起,村镇银行数量增长迅速。截至2018年6月已组建73家村镇银行,基本实现县域全覆盖,成为名副其实的"支农支小"生力军。图4-2反映了2008—2018年6月浙江省村镇银行数量的增长变化情况。

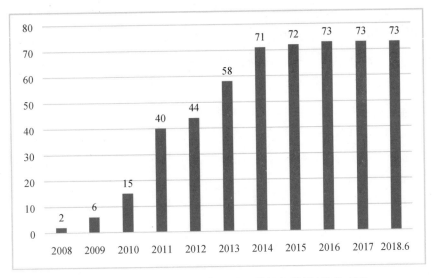

图 4-2　2008—2018 年 6 月浙江省村镇银行数量（单位：家）

由图 4-2 可知，浙江省村镇银行数量逐年增加，2010 年到 2011 年新增 25 家，并经历 3 年快速增长期，从 2014 年起，数量趋于稳定，2016 年至 2018 年 6 月，数量保持在 73 家。从业务规模看，截至 2016 年年末，浙江辖内村镇银行资产共计达 768 亿元。

（三）苏浙沪地区村镇银行发展规模对比

苏浙沪地区经济发达，从产业结构来看，虽然农业占比较小但农业生产呈现规模化、专业化特征。另外，苏浙沪地区小微企业众多，养殖、纺织、渔业等产业小微商户众多，由此产生的"三农"和小微企业金融需求旺盛。依托发达和高度成熟的经济与金融环境，村镇银行数量增长迅速。加上上海地区 14 家村镇银行，截至 2018 年 6 月，苏浙沪地区村镇银行共计达到 161 家，资产合计达到近 1 732 亿元，分支机构与金融服务网点覆盖率居全国首列，基本实现地区全覆盖。2008 年至今，苏浙沪地区村镇银行数量对比见图 4-3。

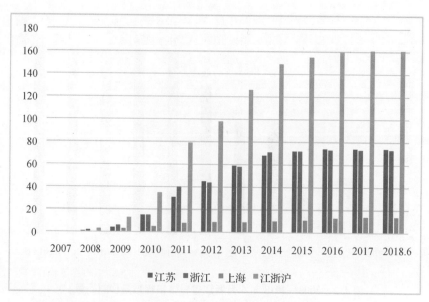

图 4-3　2008—2018 年 6 月苏浙沪地区村镇银行数量(单位:家)

由图 4-3 可见,2008 年,苏浙沪地区仅有 3 家村镇银行,其中上海尚未成立村镇银行,随后经过 2009 年到 2014 年的快速增长,至 2015 年,苏浙沪地区已成立 155 家村镇银行,其中江苏省和浙江省均为 72 家,上海 11 家。随后苏浙沪地区村镇银行数量增加放缓,2018 年 6 月,苏浙沪地区村镇银行数量达 161 家。

（四）发达地区村镇银行总体发展规模比较

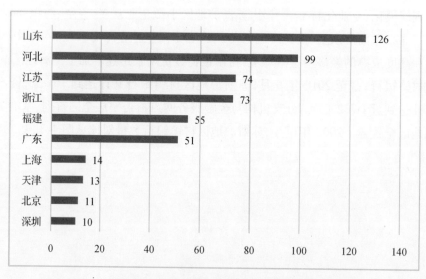

图 4-4　2018 年 6 月发达地区村镇银行数量(单位:家)

图 4-4 显示的是截至 2018 年 6 月,京津冀、苏浙沪及珠江三角洲地区的村镇银行数量。其中,山东省是全国村镇银行数量最多的省份,数量达到 126 家,2017 年年末山东村镇银行资产规模达到 838.40 亿元,负债总计 731.50 亿元,存款 664.80 亿元,贷款 482.50 亿元。在 2013 年发布"金改 22 条"之后,山东省整合金融资源支持小微企业发展,发挥金融、财政和产业政策的协同作用,扩大小微企业境内外融资来源。村镇银行在这一时期也有效发挥了金融服务功能,从每年新增数量来看,山东省村镇银行新增数量呈"N"字形走势,村镇银行数量占全国总量的比重不断上升,新设数量高于全国平均水平。2016 年山东省更是成为全国村镇银行数量最多的省份并一直保持至今。

河北省是全国村镇银行数量第二多的省份,仅次于山东省。河北省近年村镇银行发展势头较好,2016 年年末村镇银行数量共 86 家,2017 年年末达到 95 家,截至 2018 年 6 月已组建 99 家,有望破百。覆盖 10 个地市、69 个县(区),其中包含 20 个省级及以上贫困县,缓解了县域尤其是贫困地区金融服务不足的问题。

福建省村镇银行坚持本土化战略,推进股东本土化,在坚持主发起行制度的基础上,吸收本地优质涉农企业投资入股,推进雇员本土化、业务本土化。实施"规模做大,户均做小"的经营策略,全省村镇银行户均贷款余额 20.91 万元,仅为全国平均数的一半。2016 年年末,福建省村镇银行资产总规模超过 200 亿元,贷款余额 130.96 亿元,其中农户和小微企业贷款余额 119.34 亿元,占比 90.44%。

广东省自 2008 年开始组建村镇银行以来,积极引进优质的中外银行业金融机构发起设立村镇银行,并制定珠三角和粤东西北、发达与欠发达地区挂钩培育政策,引导村镇银行向粤东西北地区布局。截至 2018 年 6 月,广东省已培育组建村镇银行 51 家,其中粤东西北地区 22 家。随着广东银监局不断引入多家银行业金融机构在汕尾等粤东西北地区组建村镇银行,目前已基本实现村镇银行在广东省各地市的全覆盖。

上海市自 2009 年设立第一家村镇银行以来,截至 2018 年 6 月,在沪村镇银行数量达到 14 家,已经形成了初具规模、富有特色的村镇银行板块。近年来,上海辖区内村镇银行存贷款增长势头良好,盈利水平同比大幅提升,资产总额合计 238.70 亿元,各项贷款余额合计 109.43 亿元,各项存款余额合计 187.84 亿元。上海银监局表示,农业在上海 GDP 中占比较低,但都市型、创新型农业蓬勃发展,新技术农户和新农村建设为上海银行业创造了新市场,在沪村镇银行与农行、农商行一起成为上海支农主力军,在上海形成"金融'三农'"与"实业'三农'"的良好互动。

天津市首家村镇银行——天津市蓟县村镇银行在2008年蓟县渔阳古镇挂牌营业。经过天津银监局持续推动村镇银行组建工作,截至2018年6月,在全市范围内稳步推动设立了13家村镇银行,实现城区、县域村镇银行全覆盖。13家村镇银行注册资本平均3.4亿元,资产规模达到329.26亿元,各项贷款余额178.92亿元,存款余额263.54亿元,实现净利润3.31亿元。

2008年11月25日,北京延庆村镇银行股份有限公司正式开业,成为北京地区第一家开业的村镇银行。此后,密云、怀柔、大兴、昌平、顺义、通州、门头沟、房山、平谷等地的村镇银行先后获批开业。经过十多年培育,北京地区村镇银行从无到有,机构规模、业务品种均取得了较快发展。至2018年6月,共开业11家村镇银行,服务区域覆盖全部远郊区县,资产规模248.58亿元。

从2010年第一家村镇银行在深圳市成立起,深圳市村镇银行资产负债稳步增长,盈利水平逐年提升。截至2018年6月,深圳已成立10家村镇银行,注册资本达到34.11亿元,资产总额315.56亿元,累计实现净利润14.21亿元。

二、发达地区村镇银行股权结构分析

首先,发达地区村镇银行注册资金较高。按照村镇银行的规定,村镇银行在县域农村地区建立,注册资本不得低于300万元人民币。虽然从规定上看,村镇银行设立的低门滥,有助于缓和农村地区的金融服务需求状况,但是发达地区村镇银行实际注册资本并不低。以江苏省为例,江苏省45家村镇银行中,注册资本多分布在5 000万~10 000万元人民币之间,占比为53.33%,绝对数值远远大于法定最低注册资本额。江苏省村镇银行注册资本的均值达到8 933万元,注册资本超过1亿元的村镇银行有24家,占总数的一半以上。其中,省内规模最大的南通如皋包商村镇银行注册资本为3亿元人民币。又如,北京市11家村镇银行中,仅有2008年成立的北京密云汇丰村镇银行和北京延庆村镇银行注册资金在1亿元以下,分别为5 000万元和2 000万元,其余9家注册资金均高于1亿元,全市村镇银行平均注册资金为12 881.82万元。而且目前发达地区很多村镇银行还在不断进行增资扩本,提升注册资本值。比如沭阳东吴村镇银行就将注册资本由原来的1 500万元扩充至现在的10 000万元;长兴联合村镇银行资本金也达到20 000万元。村镇银行注册资本越来越多是对"村镇银行对同一借款人的贷款余额不得超过资本净额;对单一集团企业客户的授信余额不得超过资本净额"这一监管规定的反应。

其次,发达地区村镇银行主发起人以各地城市商业银行及农村商业银行等农村金融机构为主。截至2017年年末,全国共有5大类型、294家银行机构作为主发起人发起设立村镇银行1 562家,其中农商行系村镇银行占比近一半。据统计,农商行系村镇银行数量排在前10的省份依次为:山东省(94家)、云南省(47家)、河北省(43家)、吉林省(42家)、江苏省(42家)、福建省(41家)、安徽省(39家)、河南省(38家)、湖北省(38家)、广东省(37家)。由此可见,农村商业银行在全国发起建立村镇银行的热情更高,动力更足。从区域分布来看,发达地区农商行系村镇银行占比更高,东部地区农商行系村镇银行约占东部地区村镇银行的64%,而中西部仅为47%。

从发达地区村镇银行主发起人结构来看,国有商业银行和股份制银行发起设立的村镇银行占比较小,组建村镇银行动力不足,各地城市商业银行及农商行等金融机构发起设立村镇银行的比例较高。图4-5和图4-6列举的是2017年浙江省和江苏省村镇银行主发起人结构。

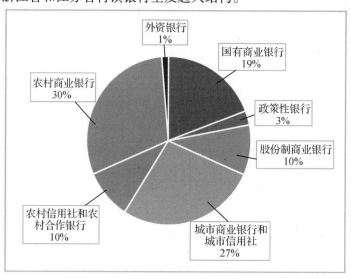

图4-5 浙江省村镇银行主发起人情况

数据来源:浙江省银监会。

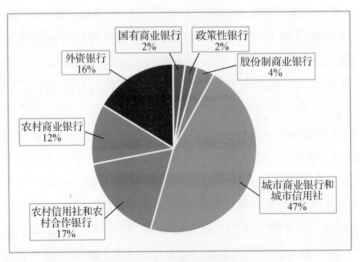

图 4-6　江苏省村镇银行主发起人情况

数据来源：江苏省银监会。

由图 4-5 可知，浙江省村镇银行以城市商业银行和城市信用社及农村商业银行为主，分别占比 27% 和 30%，合计超过 50%。其次是国有商业银行、农村信用社和农村合作银行以及股份制商业银行，约占 40%。而政策性银行和外资银行发起建立的村镇银行很少，只有 2 家和 1 家。由图 4-6 江苏省村镇银行主发起人情况可知，农业商业银行、农村信用合作社和农村合作银行等农村商业银行占比约为 30%，而城市商业银行和城市信用社占比高达 47%。由此可见，发达地区村镇银行主发起人以各地城市商业银行及农商行等农村金融机构为主。

表 4-1　2017 年江苏省 78 家村镇银行各种出资人参与情况

出资人	参与村镇银行数目（个）	百分比（%）
金融机构企业法人	15	19.23
非金融机构企业法人	71	91.02
自然人	48	61.54
全贷	9	11.54

虽然国有商业银行、外资商业银行等金融机构对村镇银行发起动力不足，但各类企业、自然人以及证券、保险等非银行业金融机构对设立村镇银行的意愿强烈。但按现行政策，它们难以成为主发起人。我国《村镇银行管理

暂行规定》(以下简称《规定》)指出"村镇银行最大股东或唯一股东必须是银行业金融机构,并由其派出主要高管人员"。因此,村镇银行主发起人限制为"银行"。表4-1显示,江苏省78家村镇银行中绝大部分村镇银行都有非金融机构企业法人和自然人入股,社会资本参与村镇银行的比例平均超过50%。但作为大股东的银行金融机构在村镇银行中占有绝对的控股地位,其他股东发言权很小,在人员管理、业务经营等方面受到约束。可见,主发起人资格的限制一定程度上阻碍了发达地区村镇银行的发展。

三、发达地区村镇银行经营状况分析

发达地区村镇银行依托本地经济基础与成熟完善的金融市场,与欠发达地区村镇银行相比具有较好的经营状况。随着村镇银行经营业务的逐步开展,发达地区多数村镇银行运营良好并已实现盈利。例如,到2017年6月,江苏省村镇银行已经实现整体盈利4.45亿元,贷款利息收入达到8.79亿元。在经营初期,村镇银行由于经营时间短、运营成本高等原因盈利能力较弱,但随着业务步入正轨,村镇银行的盈利能力大幅提升。江苏省村镇银行平均净利润由2008年的20.78万元增至2016年的850.35万元,增加了近42倍。

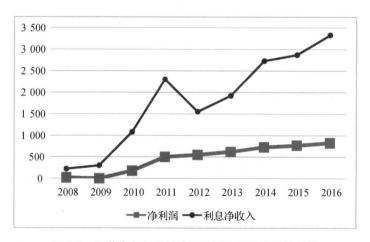

图4-7 江苏省各年度村镇银行平均盈利情况(万元)

数据来源:江苏省银监局。

从图4-7可以看出,无论是江苏村镇银行的净利润还是利息净收入,均呈现稳中有升的趋势。虽然遭遇2008—2009年全球金融危机以及2012年

欧债危机的冲击,但是经过经济调整和近年来的供给侧结构性改革,村镇银行的净利润表现出强劲的增长势头,尤其是2015年后,利息净收入更是突破3 000万元,这验证了村镇银行面对金融危机的稳定性和危机后强大的成长性。

从"支农支小"的效果来看,发达地区基本都已实现村镇银行金融服务网点的全覆盖,覆盖率至少达到90%以上。村镇银行的经营结构充分体现了金融服务的"草根性、惠民行",以及"支农支小,根植本地"的村镇银行服务定位。据统计,浙江省全省村镇银行累计为38万户农户和小微企业发放贷款122万笔,累计发放贷款金额3 693亿元。全省村镇银行对私贷款占比高达73%,在贷款结构上实现了"2个90%",即100万元以下贷款户数占比高达94%,500万元以下贷款占比接近90%。江苏省内村镇银行自成立以来已累计向12.6万农户、10.7万小微企业发放贷款近3 000亿元。2016年年末,涉农贷款占各项贷款比例为75%,小微企业贷款占各项贷款比例为84%,户均贷款余额54.7万元,500万元以下贷款占各项贷款比例为72%。

在业务开展与创新上,监管方面规定村镇银行发放贷款应坚持小额、分散的原则,提高贷款覆盖面,防止贷款过度集中;在资金运用上,村镇银行可以开展银行卡业务、发放各种期限贷款及进行同业存放等,但不能向关系人发放信用贷款,不能发放异地贷款等,有众多的业务开展限制。在这种监管要求和市场定位下,村镇银行业务开展与创新主要根据本地经济发展特色,深入农户与小微企业的生产经营开展特色业务。比如江苏省昆山鹿城村镇银行开发的"蟹贷通"产品,就是针对昆山本地大闸蟹养殖户和经营户专门开发的贷款产品,用于满足客户在大闸蟹养殖和经营过程中的资金需求。浙江象山国民村镇银行探索推出的具有本土特色的海洋金融产品——"顺渔宝"系列信贷产品,用于满足当地渔户经营所需资金。作为经济较为发达的地区,农业生产是以专业富民合作社、农地股份合作社等新型农村经济组织为主要形式的规模化生产。例如江苏省昆山地区生产总值超过3 000亿元,农业占比不到1%。传统农业已经转变为现代化农业,单打独斗的务农农民基本不存在。这也成为发达地区村镇银行"支农支小",开展特色业务的优势。

第二节 发达地区村镇银行发展特征

一、与发达地区其他农村金融机构的比较分析

村镇银行属于独立的一级法人,注册资本低;组织结构简单,经营效率高;定位清晰,产品设计更有针对性和灵活性;经营范围仅限当地,确保了资金的封闭式循环;商业银行参股其中,带来高效的管理模式和运营模式。

发达地区金融体系健全,其中农村金融机构包括中国农村发展银行、中国农业银行、中国邮政储蓄银行、农村信用社、农村商业银行、农村合作银行和村镇银行。目前为农户、小微企业提供小额贷款等微型金融服务的机构主要是邮政储蓄和农信社。

发达地区村镇银行与其他农村金融机构相比主要有以下特征:

其一,村镇银行是独立法人机构。

根据监管规定,村镇银行的设立必须由一家主发起行发起,往往村镇银行在设立之时,高管由主发起行派驻,从而使村镇银行在发展过程中,特别是前期经营中,可以接纳吸收主发起行相对成熟的管理经验和服务理念。但与其他商业银行在县域开设的分支机构有所不同,村镇银行是独立经营、自负盈亏的农村金融机构。尽管可以依靠发起行或者发达地区其他金融机构的经营经验,但监管部门对其的监管要求同一个大型商业银行一样严格,甚至在风险合规等方面比其他商业银行的分支机构要求更高。

独立法人机构也使得村镇银行有决策灵活和审批快捷等特点和优势,能因时制宜、因地制宜,创新涉农金融产品及服务,有力地支持了所在县域经济发展。

其二,村镇银行成立时间较短,注册资金规模较小。

自2006年12月银监会出台《关于调整放宽农村地区银行业金融机构准入政策,更好支持社会主义新农村建设的若干意见》,为发展村镇银行这一新型金融机构提出政策指导算起,村镇银行仅有12年的发展历程。虽然在江浙等发达地有些村镇银行设立较早,但也仅有10年左右时间,更不要说后期陆陆续续发起设立的村镇银行。成立时间较短使得发达地区村镇银行在当

地众多金融机构中无论在吸收存款、发放贷款等业务能力方面还是在管理、盈利等经营能力方面竞争力较弱。

根据我国《商业银行法》的规定,设立全国性商业银行的注册资本最低限额为10亿元人民币,设立城市商业银行的注册资本最低限额为1亿元人民币,设立农村商业银行的注册资本最低限额为5 000万元人民币。注册资本应当是实缴资本。而根据中国银保监会公布的《村镇银行管理暂行规定》,在地(市)设立的村镇银行,其注册资本不得低于人民币5 000万元;在县(市)设立的村镇银行,其注册资本不得低于人民币300万元;在乡(镇)设立的村镇银行,其注册资本不得低于人民币100万元。由以上规定可以看出,村镇银行准入门槛较低。从村镇银行的设立发起实践看,村镇银行注册资本金也低于其他金融机构。

村镇银行规模较小,发达地区村镇银行平均员工数也不过一二百人,这种小规模的经营模式使得村镇银行组织结构相对简单,这就简化了决策程序,缩短了审批流程,从而能够更加灵活地适应农村地区多样化的金融需求。

其三,村镇银行市场定位相对比较清晰。

无论是农业银行还是农村合作银行或农村商业银行,其业务开展非常丰富。虽然支持农村发展,满足农村金融需求亦是其使命,但无论在市场定位还是业务开展方面都更加多样,可以异地贷款,开展市区金融业务,业务种类丰富,客户群体可以是农村的也可以是城市的,可以是企业也可以是个人。而村镇银行是为了填补农村地区金融空白而设立的支持本地"三农"发展与小微企业发展的金融机构,《村镇银行管理暂行规定》明确要求,村镇银行不得发放异地贷款,在缴纳存款准备金后其可用资金应全部投入当地农村建设,然后才可将富余资金投入其他方面。发达地区村镇银行定位于"支农支小",服务本地,向县域、乡镇深入触角,贷款金额低至千元以满足"三农"需求。对于富有余钱的村镇银行,还可以用来支持当地中小企业发展,但村镇银行资金被严格控制在本地,不得存放外省。这种特性使村镇银行能更有效地发挥支持"三农"和支持本地的作用。

村镇银行市场定位相对比较清晰,为当地"三农"和小微企业提供个性化金融服务。能够针对当地农村金融需求的特点结合其生产周期性和季节性设计具有差别化的金融产品,从而使发达地区县域乡镇的小微金融需求得到满足。从业务范围看,发达地区村镇银行比其他农村金融机构要小,业务种类少,但其金融产品的种类较多且能够根据客户需要灵活而有针对性地进行设计调整,从而使发达地区县域乡镇地区的个性化金融需求得到满足。

二、与欠发达地区村镇银行的比较分析

首先,发达地区村镇银行覆盖率较高,"支农支小"效果明显。

银保监会发布的数据显示,截至2018年6月末,全国村镇银行机构组建数量已达1 605家,其中中西部地区机构占比65.4%,已覆盖全国31个省份的1 247个县(市、旗),县域覆盖率达67%。其中吉林、辽宁、江苏、湖北、海南、上海、天津、重庆、宁波和青岛10省市实现县域全覆盖,山东、安徽、浙江县域覆盖率已超过90%。

苏浙沪、京津冀及珠江三角洲等发达地区村镇银行县域覆盖率整体在90%以上,尤其江苏、广州等地已达到全覆盖,比全国县域覆盖率67%高很多。同时发达地区村镇银行发挥着"支农支小"的使命作用,江苏、浙江、上海村镇银行涉农贷款占比分别为75%、73%、67%,"支农支小"效果明显。

其二,发达地区村镇银行经营能力较强。

发达地区村镇银行经营能力较强,一般自设立起两年内会实现正向盈利,这和发达地区的经济和金融环境有关。首先,发达地区村镇银行有较为优越的经营环境,发达地区金融机构众多,村镇银行通过引进同业人员、参与同业竞争的方式,能够借鉴较为成熟的管理制度与经营经验,同时也能获得发达地区金融行业的正向溢出,包括成熟的同业市场,相对完善的监管机构及政策扶持。发达地区村镇银行甚至还可以选择上市以获得资本市场资源,比如江苏省昆山鹿城村镇银行、浙江省象山国民村镇银行和广州梅县客家村镇银行都已在全国中小企业股份转让系统挂牌上市。其次,发达地区信用体系较健全,村镇银行服务对象金融意识较强。苏浙沪等经济发达地区商品经济的发展具有历史性,地区小本生意、小作坊较多,由生产生活产生的金融需求也比较旺盛,金融业发展比较迅速和成熟,人们的信用意识和金融意识比较强,愿意通过借贷来组织生产或者消费,这为村镇银行"支农支小"、发放小额贷款提供了良好的客户环境。由此,发达地区村镇银行依托本地成熟的金融市场,面对较为旺盛的"三农"和小微企业金融需求,在经营和盈利上都比欠发达地区村镇银行获得了更好的发展。

其三,发达地区村镇银行内部治理和风险控制机制较为成熟。

村镇银行的内部治理、风险控制和银行内部组织架构、员工素质、管理制度等有关，较之欠发达地区，发达地区村镇银行的内控风险管理机制相对健全。因为村镇银行是独立法人机构，因此其组织架构理论上和大型商业银行一样，发达地区村镇银行在组织架构上一般会受到主发起行的影响，基本都设立了授信审批、风险合规、审计稽查、业务管理等部门，组织架构相对健全。另外，其管理模式是由主发起行派驻高管，同时引进同业管理人员，在金融机构众多的发达地区，其银行管理人员经验相对丰富，带来成熟先进的管理体制和经验。更重要的是，发达地区银行业从业人员素质较高，受教育程度较高。发达地区村镇银行员工队伍普遍比较年轻，学历基本都在本科以上，加上发达地区较为成熟的金融业培训机制，员工有较高的自我约束和合规操作的意识。这些使得发达地区村镇银行内部治理和风险控制机制较为成熟。

第三节　发达地区村镇银行发展面临的困难与问题

一、市场目标定位有所偏离

上海银监局副局长蔡莹曾在2016年12月召开的在沪村镇银行会议上表示，村镇银行要坚持"支农、支小、支实体"的战略定位，与大中型银行错位经营，走特色化、差异化发展道路。他告诫村镇银行董事会、高管层，不要有赚"大钱、快钱、热钱"的心理，要树立"合规、安全、简单、高效"八字经营理念，发挥"小快灵"的优势。

从村镇银行设立的初衷及监管要求的角度看，村镇银行应坚守"立足县域、支农支小"市场定位，支持和鼓励其积极向下延伸服务网络、丰富服务内容，深耕县域金融市场，为"三农"和小微企业提供专业化、精细化和特色化的金融服务，保持"小额"、"分散"、支持"三农"、服务小微的经营本色。可见，村镇银行作为国家政策的产物，具有浓厚的"政策性"。但村镇银行作为商业银行，本质上具有趋利避害、追逐利益的"天性"。两种价值理念之剧烈冲突，曾是国有银行摒弃农村市场的重大原因，现如今也成为村镇银行面临的一大艰难抉择。在"支农支小"之"政策性"要求与追逐利益之"商业性"本性的相互碰撞下，众多村镇银行选择偏离支农政策初衷，由此产生了一系列问题。在设立区域的选择上,更倾向于在我国经济发达的东、中部安家落户,形成了"东多西少"分布不均的格局;在总、支行分布上,绝大多数村镇银行选择在县区设立总部,其分布在乡镇和农村的支行数量极为有限;在业务对象上,由于农业生产极其依赖自然因素,盈亏具有不确定性,众多村镇银行将其在农村吸收的存款大量投向城市工商业项目,以降低风险,提高收益,即便有贷款流向乡镇和农村,也主要集中于大、中型企业等一些大客户,相当多村镇银行用于投向农村散户和小微企业的资金甚至不到贷款总额之50%。

发达地区村镇银行的发展尤其要加强防范市场目标定位偏离的危险。发达地区村镇银行偏离市场目标定位有其特别诱因。其一,缺少差异化经营的动力与压力。相比城市金融市场,农村金融市场的成本较高,相对于县(市)城区,广大农村地区信息基础设施建设滞后,村镇银行在农村设点,交通、供电、供水、电缆维护和现金安全等方面成本较高,发达地区尤其如此。而且"三农"贷款维护成本高、风险大。因此村镇银行只选择其中有担保的客户开展贷款业务,缺乏深入挖掘"三农"市场的动力,从而开展差异化、特色化、灵活化业务的动力不足。另外,在目前中小企业贷款仍然面临卖方市场的背景下,村镇银行通过"拾""补"大中银行对中小企业金融服务的遗漏和不足仍可获得可观利润,从而缺乏差异化经营的压力。其二,自负盈亏驱使村镇银行想要做大做强,发达地区大中型企业众多,偏离"支农支小"的诱惑更大。目前,利息净收入依然是发达地区大多数村镇银行的主要利润来源。在同质化经营模式下,只有通过广设网点,村镇银行才能吸收更多存款,才能获得更多利差收入,相比花费巨大精力深挖"三农"小微市场,吸收小额存款,发放100万以下,甚至十几万、二十几万元贷款,对于发达地区村镇银行来说偏离市场定位做大存贷金额的诱惑是极大的。其三,缺少社区银行服务经验。村镇银行依托主发起行的管理经验发起设立,管理方式和经营理念可能不适合社区银行的发展与定位,缺乏社区银行的服务经验,出现偏离市场目标定位的现象。

二、吸储能力有限,储蓄存款占比相对较低

发达地区村镇银行吸储能力较低,与同地区其他农业金融机构相比,储蓄存款占比相对较低。目前,浙江省村镇银行存款构成中,储蓄存款占比约为35%,而同期全省农村合作金融机构存款构成中,储蓄存款占比60%,村

镇银行的储蓄存款占比远低于农村金融机构占比。

村镇银行的存款业务难以广泛推行,究其原因,主要有以下几点:一是规模较小,网点单一。村镇银行受制度限制,最多只能在县区范围开展业务,无法跨县经营,这决定了村镇银行规模的扩大和资金流动的范围十分有限,再加上村镇银行的总部和营业点主要集中在县区,分布在农村和乡镇地区的营业网点数量很少,吸存范围有限,不能实现连锁连片经营,难以使人们信服并投资村镇银行。二是盈利模式单一,中间业务欠缺。目前,大多数村镇银行的业务范围还只限于吸存和放贷,支付结算、代理、信息咨询、银行汇兑、理财等中间业务严重缺失,因而存贷款业务的利息差额成为村镇银行的主要盈利来源,人们日益多元化的业务需求难以得到满足。三是结算支付渠道不通畅。村镇银行受成本规模、风险管理能力、软硬件配置等因素限制,不能直接加入到央行的电子支付系统,而且大多数村镇银行无法提供网上银行和手机银行服务,这给客户带来诸多不便。加之村镇银行风险防范机制不完善、农村征信系统和农业保险制度缺失、农民投资风险规避能力不足等原因,村镇银行的不良贷款率开始呈现逐年上升的趋势,使众多潜在客户望而止步。

而发达地区村镇银行不仅存在以上村镇银行普遍存在的经营和吸储问题,而且面对金融竞争充分,农业占比较少以及发达地区居民理财意识较强等特殊的经营环境,发达地区村镇银行吸储更加困难。发达地区金融竞争充分,金融机构众多,每个乡镇网点均已开设工、农、中、建、农商行、邮储等多家金融网点,连股份制银行也纷纷在乡镇铺设网点,经济发达地区的老百姓更看重的是银行品牌度与综合化服务能力。村镇银行存款利率与其他银行相比不占优势,其他配套的综合化产品又较少,因此老百姓轻易不愿将存款搬家。而且发达地区农村老百姓的受教育程度较高,即使是老年人思想也较为开放,因此理财意识较强,投资途径又较多,加之经济发达地区城乡一体化程度较高,居民居住聚集,信息传播较快,其他银行的高收益理财经常被一抢而空,相比储蓄存款,发达地区的老百姓更愿意接受综合化的理财服务。

三、竞争压力较大,盈利水平受限

发达地区村镇银行虽然已基本实现盈利,净利润和利息收入亦逐年增长,但也必须考虑到村镇银行在发达地区运营发展面临更大的竞争压力。发达地区村镇银行面对着更多的金融机构竞争。苏浙沪地区国有银行、股份制村镇银行、城商行、农商行等金融机构众多,有比较完善的金融体系,而作为新生、成立时间不过十年左右的村镇银行来说,无论从知名度、品牌度还是百姓认可度等方面都难与其他大银行相比,进而在吸储放贷上缺乏优势。另外,村镇银行因为市场定位、监管要求的限制,主要利润来源依靠存贷利差。因此村镇银行无论在业务种类、综合服务还是存贷利率上都不占优势,在激烈的市场竞争与利率市场化的背景环境中,发达地区的村镇银行盈利艰难。

此外,我国利率市场化已基本完成,存款保险制度也得以全面推行,这些金融领域的重大变革对村镇银行而言,既是宝贵的发展机遇,也是重大的冲击和挑战。一方面,随着利率市场化改革的不断推进,村镇银行的存贷款利率水平逐渐拉近,而对于中间业务欠缺的村镇银行而言,存贷款业务的利息差额是其主要的盈利来源,存贷款利差持续收窄,无疑会使村镇银行的利润大幅度减少,影响其可持续发展;另一方面,存款保险制度的出台在促使村镇银行优胜劣汰的同时,也将其推向破产的悬崖,挤兑其生存的空间,很多客户出于对村镇银行破产风险的畏惧,转而把资金投向其他大型金融机构,造成众多客户的流失。与此同时,民营银行开始涉足我国金融市场,银行业"牌照"逐步放宽限制,有关金融消费和融资租赁的政策也进一步得以放松,这些都意味着村镇银行"低门槛、宽准入"的政策优势将被明显削弱,其对民间多元化资本的吸引力将会大打折扣。在竞争压力较大且金融竞争激烈的发达地区,即使村镇银行整体盈利情况向好,也存在着有些银行经营困难、入不敷出的情况。

四、运营成本和人力资源成本高

发达地区村镇银行运营成本高。村镇银行"支农支小",根植本地,为更好地实现普惠金融,需要不断向下延伸服务触角,在乡镇下设支行、网点,提高储蓄业务的占比,夯实客户基础,以提升村镇银行对农村金融服务的覆盖面。但发达地区城乡一体化发展较快,乡镇商品房的房价与市区基本持平,如昆山市花桥地区轻轨直连上海,其房价甚至高于昆山市区。因此村镇银行在乡镇开设的网点租金较高,网点增设带来的营业费用也比较高,这势必会导致银行运营成本上升。

发达地区人力资源成本较高。其一,村镇银行设立初期,管理层人员主要来自主发起行派驻和同业引进。在经济发达地区,金融机构之间人才争夺激烈,村镇银行品牌度较低,无论是主发起行派驻还是同业引进都需要付出更大的成本,支付更高薪酬。其二,发达地区村镇银行人才招聘困难。发达地区经济发达,不仅金融机构众多,外资企业、国有企业、私营企业也很多,经济发达地区年轻人有更多的择业机会,而近几年,金融业尤其是银行业受到经济大环境、金融危机和互联网金融等因素的影响,竞争压力越来越大,银行职位相较国家公务员、教师和其他职业在收入待遇方面的优势逐渐消失,很多年轻人不把银行业作为职业首选,这在客观上使得发达地区的村镇银行招聘人员较为困难。其三,发达地区村镇银行人才流失严重。村镇银行成立时间较短,员工队伍整体较为年轻,为深入社区农户,村镇银行员工经常走街串巷,加班加点,工作较为辛苦,加之本地员工家庭较为富裕,"90后"的年轻人会很容易放弃村镇银行的工作平台。另外,村镇银行招聘的新员工很多由于达不到其他银行入职的硬性门槛,只是把村镇银行作为自身职业发展的跳板,归属感较差,这使得很多员工在工作两三年后一有机会便跳槽到其他银行。可见,发达地区村镇银行想要招纳人才、留住人才,都需要付出更大的人力资源成本。

五、主发起行制度的弊病深入"骨髓"

根据现行制度,村镇银行必须由持有一定比例股权的银行业金融机构作为发起人发起设立,学界称之为"主发起行制度"。该制度强调主发起行对村镇银行的支持作用,在村镇银行设立之初可以起到稳定运作的功效,但随着村镇银行的稳健发展,其弊端逐渐显露并日益深入"骨髓"。一是在筹资层面,抑制民间资本投资热情。为响应国务院鼓励民间投资的号召,银监会于2012年将发起行的最低持股比例要求由20%降低到15%,但多数主发起行仍不满足于现状,不断扩充其在村镇银行的持股比例,压缩民间资本投资空间,以实现对村镇银行的绝对控制。发达地区民间资本投资热情较高,村镇银行积极吸收民间资本入股,对其提高资本利用率、增强经营能力具有重要意义,主发起行过分控制是不利的。二是在经营管理层面,缺乏独立性的村镇银行沦为发起行的分支机构。在我国,发起行作为特殊的大股东,在为村镇银行提供人才、技术等支持的同时,也对村镇银行的业务、财务、人事等进行战略指导和日常监管,而在这一过程中就存在着发起行管理职权界限不明晰的隐患,很多发起行过度控制和干预村镇银行的各项工作,甚至出现了两者的业务、部门、人员等相互混淆的现象,以至于使村镇银行成为发起行的分支机构。此外,作为控股股东,主发起行在经营模式上对村镇银行影响很大,许多村镇银行往往直接照搬其发起行的运营模式,在日常经营上不断向发起行运行轨道靠拢,逐渐丧失自身作为小银行决策灵活、具有本土化特色的优势。三是在治理结构层面,主发起行压制中小股东权利。在主发起行制度下,发起行大多持有压倒性比例的股权,这意味着发起行在村镇银行拥有绝对数量的表决权,发起行实质上控制了村镇银行的股东会,在这种情况下,发起行往往选派自己的职工来担任村镇银行的董事长、监事长甚至行长,为实现自身利益最大化,不断压榨其他中小股东的权利。虽然主发起行制度对村镇银行前期起步有一定的经营、管理、技术等方面的支持,但村镇银行不应成为主发起行曲线扩张的工具。

六、信息化建设和信息安全管理滞后

经过十多年发展,村镇银行通过不断借鉴经验和总结教训,最终在产品创新、业务运作、风险管理等方面都取得了长足发展。但由于村镇银行设立在经济相对落后的乡镇地区,缺乏先进的信息化基础设施和完善的金融结算渠道,且村镇银行在人才竞争上处于劣势,难以吸引专业的IT技术人才,因而绝大多数村镇银行在信息化建设方面严重滞后,至今仍不能建立起独立的IT系统。即便有少数村镇银行建立了信息系统,也多是与主发起行共用一个核心业务系统,或由发起行成立专门的信息管理部为村镇银行规划、建设一个专门的、独立于发起行的信息系统。此类系统虽然为村镇银行节省了大量的人力、物力和技术成本,使其解决了运营维护成本高、自身科技力量薄弱等问题,却也使村镇银行在科技水平及规划上受到发起行的过多限制,无法结合自身特性开发出有特色的业务功能。在发达地区,信息建设的不足直接导致业务开展的缓慢,例如,有的村镇银行还不能发放银行卡,不能开展网上银行、手机银行等业务,在金融发展充分的发达地区,这种缺陷严重影响了村镇银行的可信度。另外,村镇银行大多不注重对自身信息安全的有效管理,外部监管缺乏、管理力度不强、管理体制不畅等问题普遍存在,这些问题如果得不到有效解决,势必将成为村镇银行在信息化时代发展的一大瓶颈。

七、"小机构,大监管",监管与扶持的差异没有很好体现

村镇银行是独立的法人机构,麻雀虽小五脏俱全,监管部门对村镇银行

的要求是和大型金融机构一样严格的,村镇银行日常运营中事务性工作很多,而村镇银行人才缺乏,一人多岗,这在一定程度上降低了工作与运营效率。

目前,我国在村镇银行监管方面缺乏专门性的、有针对性的制度安排,各监管主体一般借鉴其他商业银行的监管标准对村镇银行进行监督和管理。但村镇银行的资产规模、股本结构、市场定位、管理模式等与其他商业银行存在着极大差异,这些差异决定了一般商业银行的监管制度不可能完全适用于村镇银行。对于有"小银行"之称的村镇银行和其他大型商业银行实行"一刀切"的监管标准,显然对村镇银行来说过于严苛了,不利于村镇银行经营绩效的提升。另外,我国现阶段对村镇银行法律监管的具体实施流程仅做了概括性要求,规定由银监分局对村镇银行进行属地性监管,监管办事处经授权可协助实施监管工作,但在具体实施过程中,监管主体不明确、政府机构过多干涉、执行方式单一等问题依然突出,如何分配具体的监督职责、怎样调动人员进行各项检查等缺乏明细规定。

对于发达地区村镇银行的监管更是严格,政府监管与扶持的差异化没有很好体现。例如目前"户均贷款余额"和"单户500万元(含)以下贷款余额占比"等监管指标对于全国村镇银行都是一样的,没有差异化。但是全国不同区域经济发展特点、区域金融环境有着天壤之别。发达地区无论房价还是生产成本都比较高,即使"三农"和小微企业,金融需求金额也较大,村镇银行小额授信难以满足客户需要。例如苏浙沪很多乡镇房价都达到每平方米2万元左右,100万元资金只能买到50平方米房子,客户用住宅房办理抵押贷款,房屋评估价值都在200万元以上,村镇银行如果给予客户较小的授信额度就会把很多客户直接拒之门外。所以建议监管机构能出台差异化监管政策,相对放松一些监管要求,例如允许村镇银行资金跨省存放,允许闲置资金通过购买发起行理财产品等方式提高资金收益率,增强村镇银行持续支持"三农"和小微企业的能力。

第四节 发达地区村镇银行发展的典型案例研究

在中国银监会日益完善的监管法规政策指导下,各村镇银行的主发起行积极发挥"母行"特色优势,大力支持村镇银行的经营管理和业务发展,形成了各具特色的多元化村镇银行管理模式。由于我国村镇银行发展时间尚短,地区差异非常大,主发起行管理文化不同,各主发起行对村镇银行采取的管理模式各不相同。据调查,目前主发起行对村镇银行的管理,主要采取以下几种模式。一是专设子公司集约化管理模式,由中国银行作为主要股东成立的中银富登村镇银行采取这种模式。二是在总行层面设立专门的一级部门,统一履行管理职责,浦发银行、包商银行、德清农商行均采用这种管理模式。三是总行与属地分行共同管理模式,民生银行、中信银行等银行采用的就是这种管理模式。四是其他方式,包括行业协会管理模式和工作小组管理模式。

目前村镇银行主发起行包括国有商业银行、城市商业银行、股份制商业银行、农村商业银行几种类型,由此,主发起行对村镇银行的管理模式与影响各不相同,以下选取由城市商业银行南京银行发起设立的昆山鹿城村镇银行、由宁波鄞州农村商业银行发起设立的象山国民村镇银行、由广州农村商业银行发起设立的苏州吴中珠江村镇银行、由股份制商业银行民生银行发起设立的太仓民生村镇银行和由中国银行发起设立的苏州吴江中银富登村镇银行共5家地处江浙发达地区的村镇银行作为案例,探究不同主发起行与不同管理模式下,发达地区村镇银行的发展情况与特点。

一、昆山鹿城村镇银行调查报告

(一) 公司基本情况分析

昆山鹿城村镇银行于2009年12月由南京银行发起设立,是苏州市首家村镇银行,截至2017年年末,南京银行持股比例47.5%,员工持股比例6.86%,合计总持股比例54.36%。拥有11个管理部门、8家营业网点和1个专门从事无抵押、无担保信贷业务的个人贷款中心,员工总数近180人。

2015年7月21日,昆山鹿城村镇银行在全国中小企业股份转让系统挂牌,成为全国首家在"新三板"挂牌的村镇银行。2016年10月25日,该银行首期同业存单在全国银行间市场成功发行,成为全国首家自主发行同业存单的村镇银行。昆山鹿城村镇银行基本情况见表4-2。

表4-2 昆山鹿城村镇银行基本情况

指标	具体内容
村镇银行名称	昆山鹿城村镇银行股份有限公司
法人代表	杨懋劼
成立日期	2009年12月18日
挂牌时间	2015年7月21日
股票简称	鹿城银行
股票代码	832792
股票公开转让场所	全国中小企业股份转让系统
分支机构网点	张浦支行、城北支行、花桥支行、陆家支行、周市支行、南星渎支行、巴城支行
注册资本	308 139 000元人民币
发起行	南京银行
机构地址	昆山市前进西路1899号高新区创业服务中心大楼

（二）主发起行情况分析

南京银行成立于1996年2月8日,是一家由国有股份、中资法人股份、外资股份及众多个人股份共同组成的具有独立法人资格的股份制商业银行,实行一级法人体制。南京银行历经两次更名,先后于2001年、2005年引入国际金融公司和法国巴黎银行入股,在全国城商行中率先启动上市辅导程序并于2007年成功上市。目前注册资本为60.59亿元,下辖17家分行、161家营业网点,员工总数近8 000人。截至2017年年末,南京银行总资产达11 411亿元,总负债10 729亿元,所有者权益682亿元,存款总额7 226亿元,发放贷款及垫款3 735亿元,净利润96.67亿元,营业收入248.28亿元。

南京银行致力于探索综合化经营,在全国率先尝试了城商行异地参股其他城商行的发展模式,参股日照银行并成为其第一大股东,入股江苏金融租赁有限公司、芜湖津盛农村合作银行,发起设立了宜兴阳羡、昆山鹿城两家村镇银行,投资组建鑫元基金公司,成立紫金山鑫合金融家俱乐部,在探索综合化经营的道路上不断迈进。南京银行以建设"中国中小银行中一流综合金融服务商"为战略愿景,始终坚持做强做精做出特色的发展道路,各项业务平稳较快增长,经营效益稳步提升,风险管控不断加强,资产质量保持稳定,基础管理持续深化。

南京银行由总行发展规划部对旗下村镇银行进行统一协调管理,并通过村镇银行每月报送的发展动态、重大事项、财务经营分析报告等,对其经营发展情况进行有效监测评估。南京银行主要通过股东大会和董事会等行使相关职责,对村镇银行发展战略、内部控制制度完善、人员培训、科技系统建设等给予一定的指导,不直接干预村镇银行贷款审批、经营目标制定、员工招聘等日常经营管理活动。

(三)公司经营情况分析

昆山鹿城村镇银行成立8年来,在各级监管部门的监督指导下,以"打造全国一流社区银行"为愿景,以"服务三农、服务小微、服务社区"为立行之本,资产规模连续多年在江苏省村镇银行中排名第一。截至2017年年末,昆山鹿城村镇银行资产规模为58.2亿元,各项存款余额为47.02亿元,各项贷款余额为42.1亿元,实现营业收入19 252.68万元。其中农户和小微企业贷款余额占比90.77%。

截至2017年年末,昆山鹿城村镇银行相关监管指标如表4-3所示。

表4-3 鹿城银行监管指标情况表

项目	本期期末	本期期初	增减
资本充足率	14.61%	12.43%	2.18%
不良贷款率	0.95%	1.08%	-0.13%
存贷比	85.14%	81.32%	3.82%
流动性比例	53.12%	52.42%	0.70%
单一最大客户贷款集中度	3.35%	4.09%	-0.74%
最大十家客户贷款集中度	33.45%	40.91%	-7.46%
拨备覆盖率	531.10%	464.75%	66.35%
拨贷比	5.05%	5.04%	0.01%
成本收入比	37.09%	38.56%	-1.47%
农户和小微企业贷款合计占比	90.77%	91.95%	-1.18%

2017年昆山鹿城村镇银行资本充足率为14.61%,高于监管规定的最低资本充足率8%,且比上年提高2.18%,说明2017年鹿城村镇银行抗风险能力有所提高,承受违约资产风险的能力增强,保持了稳健安全的经营,不良贷款率的下降与拨备覆盖率和拨贷比的上升也反映出对信用风险控制的加强。流动性比例为一个月内到期的流动性资产与流动性负债的比例,流动性比例的上升显示出鹿城银行流动性风险的下降,成本收入比较上年有所下降,反映出经营成本的有效下降;单一最大客户贷款集中度、最大十家客户贷款集中度及农户和小微企业贷款合计占比的数据显示,2017年鹿城银行以"支农支小、做小做散"的原则,较为有效地支持了"三农"和小微企业发展。

(四)公司经营特色分析

1. 打造有温度的"亲农型"社区银行

鹿城银行以"打造全国一流社区银行"为战略愿景,以"做最好的小微企业金融服务商"为历史使命,以最大化满足网点周边3公里以内小微客户需求为市场抓手,持续推进社区银行网格化营销战略,全面打造村镇银行小微金融特色化服务品牌。

(1)定期举办丰富多彩的特色社区活动,举办了"养生大讲堂""粽叶飘香迎端午""红色电影进社区""社区公益理发"等特色社区活动。

(2)建设社区银行网点,推进文明规范标准化服务。在网点内增设了更加人性化、个性化的客户体验平台,配备了具有社区银行特色的功能区域,包括儿童娱乐区、老年人休息区、便民增值服务区等;为办理业务的客户送去"一个鞠躬""一声问候""一杯温水"等细致入微的"七个一"温情服务。

(3)主动营销,深入基层。主动深入社区居民家中,错峰营销,提供"一对一"上门服务,将金融服务送到家。

(4)结对共建,融入社区,与社区党支部开展结对共建,与社区居委会合作开展公益活动,融入社区居民生活。

2. 特色业务与产品

昆山鹿城村镇银行注重金融产品创新,深入市场调研,深挖昆山市场,努力在产品创新上做到"服水土""接地气",先后开发出村级经济的好伙伴——"村贷通",蟹户的好帮手——"蟹贷通"(荣膺2013年"江苏省银行业服务小微企业和'三农'双十佳金融产品"、昆山市第一届"十佳创新服务项目"及"2016年度江苏省村镇银行特色金融产品"),昆山市民的好口袋——

"鹿诚贷""鹿诚通"姊妹产品,小微企业的成长伴侣——"农户贷"(荣获2013年"江苏省十大惠民好事"称号、2016年"苏州金融创新风云榜上榜品牌")、"随心贷"、"助业贷"、"兴业贷"、"宏业贷"系列产品。此外,还积极与南京银行合作,开展代理理财业务。昆山鹿城村镇银行最具特色的产品有以下几款:

(1)"蟹贷通"。"蟹贷通"是针对昆山本地大闸蟹养殖户和经营户专门开发的贷款产品,用于满足客户在大闸蟹养殖和经营过程中的资金需求。授信额度单户不超过80万元;授信期限为六个月以内;担保方式以联保为主;贷款利率采取基准利率上浮15%;还款方式可以采取按月付息到期一次还本方式,或者额度循环使用。借款人除出具身份证、户口本等材料外,还要出具经营证明(营业执照、经营地市场证明、经营地租赁合同)及购销证明(入库单、出货单等其他采购证明)。

(2)"农户贷"。"农户贷"是针对昆山本地农户开发的贷款产品,供农户用于养殖业、个体经营以及综合消费。授信额度在0.5万元至20万元不等;授信期限为三个月至三年;担保方式以信用担保为主;贷款利率根据不同情况采用联保、抵押、信用利率;还款方式可以采取按月付息到期一次还本方式,申请期限为3、6、9、12期,或者采取按月等额本息还款方式。

(3)"农机贷"。"农机贷"是针对昆山本地农户开发的贷款产品,供农户用于采购农业机械设备。授信额度在0.5万元至50万元不等;授信期限为三个月至一年以内;担保方式以抵押为主,55岁以上还要求有子女的个人连带责任担保;贷款利率按照月利率6‰执行;还款方式可以采取按月付息到期一次还本方式或每月等额本息还款方式;除基本证明材料之外,借款人应出具购置农业机械设备首付款收款收据及农业机械设备采购合同。

(4)"村贷通"。"村贷通"是针对各中心镇辖区的村级经济组织及农户开发的贷款产品,是为本市村级经济组织及农户在生产经营过程中的流动资金短缺和社区及打工楼建设而发放的贷款。授信额度500万元至1 000万元不等;授信期限为五年以内;担保方式为一般企业担保;贷款利率年息7.2%;还款方式可以采取按月付息到期一次还本方式。

除此之外,鹿城银行还开展在个人消费信贷中心申请贷款("鹿诚贷""农户亲情贷""轻松贷")等业务,贷款申请只需由贷款人在网上填写资料,发出申请,银行工作人员就会主动联络与了解。

(五) 公司面临的主要问题分析

1. 发达地区金融竞争充分，老百姓理财意识强，吸收储蓄存款较为困难

鹿城银行成立8年来，储蓄存款占比一直较低。尽管尝试运用各种宣传手段及营销技巧，走街串巷入社区，但储蓄存款仍收效甚微，老百姓的接受度普遍不高。分析主要有以下原因：

（1）银行竞争充分。昆山共有金融机构40余家，竞争充分，每个乡镇网点均已开设工、农、中、建、农商行、邮储等多家金融网点，连股份制银行也纷纷在乡镇铺设网点，加之存款保险制度的推出，经济发达地区的老百姓更看重的是银行品牌度与综合化服务能力。虽然村镇银行服务好，但存款利率与其他银行相比不占优势，其他配套的综合化产品又较少，因此老百姓轻易不愿将存款搬家。

（2）老百姓理财意识强。昆山经济发达，农村老百姓的受教育程度较高，即使是老年人思想也较为开放，因此理财意识较强。加上投资途径又较多，昆山城乡一体化建设发达，居民居住聚集，信息传播较快，其他银行的高收益理财经常被一抢而空，相比储蓄存款，发达地区的老百姓更愿意接受综合化的理财服务。

（3）客户群体存款能力有限。村镇银行储蓄客户群体主要为5万元以下达不到理财标准的基层社区居民，吸收储蓄存款力度十分有限。

因此，昆山地区经济金融发展具有特殊性，客户需求也和经济欠发达地区有着很大的不同，村镇银行无论在吸收储蓄存款、经营发展还是人力资源管理方面都要根据实际情况有针对性地进行创新，村镇银行的可持续发展问题亟待地方政府、监管机构等给予相应的关注与扶持。

2. 经营压力持续增大

一方面，村镇银行资产结构单一，九成以上的经营收入来源于存贷息差，在利率市场化背景下，村镇银行存贷利差持续收窄，依靠传统存贷款为主要盈利模式的村镇银行面临着较大的经营压力。鹿城银行处在百强县之首的昆山，金融机构竞争充分，相比经济欠发达地区的村镇银行，利差空间较小，且受利率市场化的影响较大。另一方面，村镇银行为更好地实现普惠金融，需要不断向下延伸服务触角，提高储蓄业务的占比，夯实客户基础，以拓宽村镇银行对农村金融服务的覆盖面。但昆山城乡一体化发展较快，已经没有真正意义上的农村，昆山处于上海大都市和苏州之间，但相比于上海和苏州，昆

山又是价格洼地,房地产投资吸引力强劲,所以乡镇商品房的房价与昆山市区基本持平,如花桥地区轻轨直连上海,其房价更是高于昆山市区。因此村镇银行在乡镇开设的网点租金较高,网点的增设带来的营业费用和人员投入势必会导致银行成本收入比的上升。

3. 村镇银行的人力成本较高

一是村镇银行品牌度低,昆山地区金融人才竞争激烈,要引进同业人员,必须给付相比其他银行更高的薪酬福利。二是村镇银行招聘的新员工很多是由于达不到其他银行入职的硬性门槛,只是把村镇银行作为自身职业发展的跳板,归属感较差。昆山地区金融机构众多,即便乡镇也至少会有五六家银行营业网点,员工在工作两三年后一有机会便会跳槽到其他银行,导致人才流失较为严重。三是昆山经济发达,民营企业和外资企业较多,就业可选择机会多,且人均收入普遍较高,处于初创期的村镇银行员工工作较为辛苦,年轻人很容易放弃村镇银行的工作平台。村镇银行要留住人才,必须付出更高的人力资源成本。

4. 优质客户更容易流失

目前,监管对村镇银行有着"户均贷款余额""单户500万元(含)以下贷款余额占比""三个不低于"等多项考核指标。为此,鹿城银行不断优化信贷结构,将目标客户群体主要定位于300万元以下的小微客户,这样一来,原先在创业初期由该行支持的一些优质客户群体,随着不断发展壮大,鉴于村镇银行能够提供信贷的额度有限,相对配套的综合化金融产品与服务又较少,也逐渐另投门户,使得村镇银行辛苦培育的优质客户不断流失。

(六)公司创新发展建议

1. 深入调查昆山农户、小微企业发展情况,挖掘业务新的增长点

村镇银行秉承"支农支小,根植本地"的原则,业务产品的开展开发要结合农户、小微企业的发展需求,满足其生产生活中产生的金融需求。"蟹贷通"产品的成功,为鹿城银行提供了产品创新的新思路:要深入调查研究本地居民的金融需求,在农户、小微企业生产流程中发现业务增长点和创新点。昆山市各类养殖业、手工作坊等小微金融需求旺盛。2016年,昆山完成地区生产总值超过3 000亿元,农业占比不到1%。传统农业已经转变为现代化农业,单打独斗的务农农户基本不存在,农业生产已经以专业富民合作社、农地股份合作社等新型农村经济组织为主要形式。因此,贷款也应结合本地特

色,扩展多种贷款授信方式,如信用、抵押、担保和联保等,模式包括"协会+农户""农户+经销商"及商标质押融资等。

2. 推进建立流动性互助联盟,开展村镇银行的团结互助

村镇银行由于品牌度不高,取得他行授信较难。目前村镇银行流动性需求主要通过发起行提供。而部分村镇银行主发起行为上市公司,由于受到减少和规避关联交易原则的限制,从长期发展来看,通过主发起行获得流动性资金支持并不是一条可持续性发展路径。利率市场化后,随着流动性风险管理难度加大,村镇银行可以建立流动性互助机制,通过村镇银行合作出资,设立流动性互助基金,通过资源整合,鼓励资金在村镇银行体系内循环,从而有效地帮助村镇银行共同成长。

3. 积极与监管部门沟通,努力争取监管与政策支持

昆山鹿城银行作为苏州市排名第一的村镇银行,曾获得"中国地方金融2014十佳成长性银行""2015年度江苏省十佳村镇银行""全国百强村镇银行"等荣誉称号,它应该结合自身发展情况,充分调查苏州市乃至江苏省其他村镇银行发展状况,积极与监管部门沟通,向监管部门提出参考意见和政策试行反馈意见。例如建议监管部门尽快出台村镇银行差异化监管政策,提出适当的监管改进意见,努力为村镇银行和自身发展争取监管和政策支持。

二、象山国民村镇银行调查报告

(一) 公司基本情况

象山国民村镇银行是宁波市首家村镇银行,成立于2008年8月31日,由宁波鄞州农村商业银行股份有限公司发起设立,注册资本8 502万元。2017年3月6日,象山国民村镇银行正式在"新三板"挂牌,成为浙江省首家挂牌村镇银行。截至2017年年末,全行已有营业网点14家,其中营业部1家、支行8家、分理处5家,基本覆盖了全县各主要镇乡(街道)。员工人数达到183名,成为宁波市规模最大、效益最好的村镇银行。具体见表4-4。

表 4-4　象山国民村镇银行基本情况

指标	具体内容
村镇银行名称	象山国民村镇银行股份有限公司
法人代表	陆宁生
成立日期	2008 年 8 月 31 日
挂牌时间	2017 年 3 月 6 日
股票简称	国民银行
股票代码	870874
股票公开转让场所	全国中小企业股份转让系统
分支机构网点	贤庠支行、城区支行、渔港支行、定塘支行、鹤浦支行、丹城支行、西周支行、新桥分理处、高塘分理处、南庄分理处、金海分理处、泗洲头分理处、墙头分理处共 13 家分支机构
注册资本	85 020 000 元人民币
发起行	宁波鄞州农村商业银行股份有限公司
机构地址	浙江省象山县丹东街道新华路 328 号

(二) 主发起行情况分析

宁波鄞州农村商业银行股份有限公司是一家由辖内自然人、企业法人和其他经济组织发起设立的具有独立企业法人资格的地方性银行机构,前身为宁波鄞州农村合作银行。现有在职员工 2 025 人,全行下设 21 个职能部室,下辖 38 家一级支行(营业部),共有营业网点 160 个;对外发起设立 24 家村镇银行,战略投资 1 家城商行与 5 家农商行。总行设在浙江省宁波市鄞州区民惠西路 88 号。

截至 2018 年 6 月末,宁波鄞州农村商业银行资产总额达到 1 184.57 亿元,各项存款余额 841.54 亿元,各项贷款余额 615.24 亿元,均居宁波市农村金融机构首位。

为加强对村镇银行的管理和服务,鄞州农村商业银行在其第三届一次股东大会上通过了新的战略发展规划,专门成立了负责村镇银行筹建和管理的职能部门机构投资管理部,为村镇银行的经营提供指导和保障。在发起设立村镇银行过程中,鄞州农村商业银行从机构选址、网点装修、材料报批、人员

（三）公司经营现状分析

象山国民村镇银行一直以来以服务"三农"、服务小微、服务本土为自身定位，充分发挥"小、快、新"的特点与优势，打造属于自己的差异化经营和特色化服务的核心竞争力。截至2017年年末，象山国民村镇银行资产规模为25.58亿元，各项存款余额为22.43亿元，各项贷款余额为19.80亿元，实现营业收入11 632.6万元。其中农户和小微企业贷款余额占比94.58%。

截至2017年年末，象山国民村镇银行相关监管指标如表4-5所示。

表4-5　象山国民村镇银行监管指标情况表

项目	本期期末	本期期初	增减
资本充足率	13.04%	12.70%	0.34%
不良贷款率	2.01%	1.28%	0.73%
存贷比	86.27%	71.66%	14.61%
流动性比例	69.38%	87.65%	-18.27%
单一最大客户贷款集中度	5.69%	7.07%	-1.38%
最大十家客户贷款集中度	43.94%	44.06%	-0.12%
拨备覆盖率	150.02%	227.08%	-77.06%
拨贷比	3.02%	2.90%	0.12%
成本收入比	45.42%	44.16%	1.26%

2017年象山国民村镇银行资本充足率为13.04%，高于监管规定的最低资本充足率8%，且比上年提高0.34%，说明2017年象山国民村镇银行抗风险能力有所提高，承受违约资产风险的能力增强，整体保持了稳健安全的经营。不良贷款率有所上升、拨备覆盖率下降反映出信用风险增大，应注意防范和化解。流动性比例为一个月内到期的流动性资产与流动性负债的比例，流动性比例的下降也显示出象山国民银行流动性风险的上升，成本收入比较上年有所上升，反映出经营成本增大。可见，2018年象山国民银行应加强风险控制，尤其是信用风险和流动性风险控制。单一最大客户贷款集中度、最大十家客户贷款集中度的数据显示，2017年象山国民村镇银行坚持以"支农

支小、做小做散"的原则服务本地"三农"和小微企业。

（四）公司经营特色分析

1. 支农支小，根植本地

象山国民村镇银行以服务"三农"、服务中小微企业、服务社区为服务特色，开展农户贷款、小微企业贷款、渔船抵押贷款、渔民贷款、个体工商户贷款等业务，根据象山地区本地特点开发多种特色业务。该行始终坚持以服务"三农"为宗旨，重点服务农业、农村、农民及中小微企业和个体工商户，以市场为导向，以客户为中心，以本地化经营为特色，走特色化差异化道路，打造象山人自己的社区银行。

近年来，为积极响应国家金融支持实体经济号召，加大对"三农"、中小微企业的信贷支持，象山国民银行将有限的信贷资源不断向优质客户投放，逐步改善信贷资产结构，进一步扩大信贷服务覆盖面。该行制定"支农支小"发展战略，创新探索"支农支小"运营模式，创立"顺渔宝"系列产品，推出柴油专项贷款、渔船抵押贷款、海域使用权抵押贷款、水产品加工企业担保贷款等。

2012年起首推临时捕捞许可证贷款，特别是在每年中国开渔节期间，推行渔民出海临时小额贷款，加快贷款发放速度，深受广大渔民的喜爱。2015年陆续推出"国民易贷、国民信用贷、小额保证保险贷款和股权质押贷款"等众多新兴品种，2016年起对500万元大额贷款进行信贷权限设定，进一步压缩了现有的大额贷款，重点倾向"三农"，发放"易农贷"，加大对农村地区的信贷投放力度。为破解贷款担保难题，开发了"保险公司+农户"贷款，有效拓宽了农户融资渠道，针对石浦、鹤浦等象山传统渔业重镇推出了"海鲜质押贷款"，有效地缓解了企业季节性远洋捕捞和海产品收购的资金需求。

象山国民村镇银行还加大与象山县民营经济和个体经济企业协会全面合作，已在6个分会建立了银企俱乐部，累计授信2亿元。创新信贷产品，推广"绿能贷"产品初见成效，与宁波启鑫新能源公司联合推出了"绿能贷"信贷产品，不断丰富业务品种和担保方式，细化客户群体，简化操作流程，推进公司业务持续创新发展。

2. 特色产品明显

（1）柴油专项贷款。国民村镇银行逐步探索并适时推出具有本土特色的海洋金融产品——"顺渔宝"（象山话寓意"送元宝"）系列信贷产品。柴油专项贷款是其中一项主推产品。对渔民来说，渔船燃油成本占整个捕捞成本一半以上,由于油价、劳动力等成本不断上升,当地渔民出海资金需求大幅增长。为此,国民村镇银行创新推出"柴油专项贷款",简化手续和流程,单艘渔船可申请50万元以内的专项贷款,并承诺以同类产品最低利率予以支持。

(2)渔船抵押贷款。渔船抵押贷款是面向象山当地渔民开发的动产抵押产品,贷款金额依据借款人的实际资金需求,根据渔船马力核定贷款额度,每艘渔船抵押贷款额度最高不得超过150万元。贷款利率按动产抵押贷款同档次利率确定。贷款期限按动产抵押登记期限确定,一般在保险期内或者适航期内一年。

(3)临时渔业捕捞许可证贷款。临时渔业捕捞许可证贷款指象山国民村镇银行对持有临时渔业捕捞许可证的自然人或企业发放的、用于解决借款人从事捕捞等生产活动时资金缺口的业务品种。贷款额度根据借款人的信用状况、经营稳定性、还款能力,以及渔船的马力、保险单金额等因素确定贷款金额。贷款期限为1~12个月,贷款利率采取利率倾斜政策。

(五)公司经营风险分析

1. 不良贷款率较高

由于受宏观经济影响,小微企业和个体工商户风险不断暴露。2017年年报报告期内公司的不良贷款率有所上升,如果经济增长持续放缓,可能影响公司借款人的经营情况及其偿债能力,进而导致公司不良贷款的增加及不良贷款率的上升。若不良贷款率进一步上升,可能对公司的资产质量、财务状况及经营业绩造成不利影响。不良贷款已严重困扰银行正常经营发展,越来越成为经营工作的难题,也成为国民银行上下日益关注的最大问题。象山国民村镇银行也将清收不良贷款放在经营计划首位。

2. 地区经营竞争压力较大

根据《中国银监会关于进一步促进村镇银行健康发展的指导意见》(银监〔2014〕46号)规定,"村镇银行原则上应在注册地所在的县(市、旗、区)域内依法经营"。因此,国民银行立足本地,仅在象山县域范围内展业,导致公司整体信贷规模有限。象山县地处长三角地区南缘,浙江省中部沿海,位于象山港与三门湾之间,三面环海,两港相拥;为中国渔文化之乡、全国综合实力百强县,经济和社会发展水平在全国县级区域经济中始终处于领先地位。大部分商业银行均在此设立了营业网点,以国有商业银行、股份制商业银行、城市商业银行和农村商业银行为主体的商业银行业务经营体系在象山地区已基本形成,公司与各商业银行在客户、资金、科技、人才、产品服务等方面的竞争日益激烈。

(六)公司创新发展建议

1. 加强风险控制,降低不良贷款率

不良贷款的居高不下是象山村镇银行的最大问题,短期内应以清收不良贷款为主线,举全行之力,花大力气清收。要加强内控建设,制定清收方案,明确清收目标与对象,签订清收责任状;多措并举,加大清收力度,采取领导包干、时间划段、限期收回的措施,加大清收奖励力度,保持清收高压状态。长期内,要加强风险防范,总结风险控制经验教训,多阶段、全方位地提高风险控制能力,完善风险防范机制。

2. 加强金融服务创新,增强竞争力

首先,应按照现代企业制度构建一级法人机构的村镇银行,使结构扁平化,决策链条变短,可根据区域经济发展状况创新金融产品,按照市场化原则开展经营;在贷款利率上应有较大的灵活性。村镇银行应将工作重点放在拓展客户、宣传自身的服务、培养忠实的客户群体等方面。其次,应积极为农户和小企业量体裁衣,设计具有自身特色的业务品种,不能简单延续以前大银行的传统做法,而是要改造自己的工作流程,调整自己的经营机制,在客户信息搜集、贷款风险甄别、抵押担保品设计、客户沟通方式等细节方面,进行切实的"转型"。最后,必须建立并完善风险控制机制,在贷款流程和日常管理中严格控制,降低经营风险,只有这样,村镇银行才不会陷入坏账泥沼,才能走上可持续发展之路,不断在创新发展中增强竞争力。

三、苏州吴中珠江村镇银行调查报告

(一)公司基本情况分析

苏州吴中珠江村镇银行股份有限公司是由广州农村商业银行发起的吴中区首家村镇银行,成立于2013年12月23日,注册资本1.5亿元,是广州农村商业银行在全国发起设立的第23家村镇银行。吴中珠江村镇银行主要为苏州市吴中区"三农"、中小微企业和社区提供金融服务,其基本情况见表4-6。

表 4-6 苏州吴中珠江村镇银行基本情况

指标	具体内容
村镇银行名称	苏州吴中珠江村镇银行股份有限公司
法人代表	延军
成立日期	2013 年 12 月 23 日
分支机构网点	东山支行、甪直支行
注册资本	15 000 万元人民币
发起行	广州农村商业银行
机构地址	苏州市吴中区木渎镇金山路 51 号

(二) 主发起行情况分析

广州农村商业银行的前身是始建于 1951 年、至今已有五十多年发展历史的广州市农村信用合作社。广州农村商业银行于 2009 年 12 月经中国银监会批准改制开业,注册资本 98.08 亿元。至 2017 年年末,总资产 7 357 亿元,各项存款余额 4 887 亿元,贷款余额 2 940 亿元。现辖属营业网点 620 多个,在职员工近 8 000 人,业务规模位居全省农村信用合作社机构首位、全国农村商业银行前列,是广州地区仅次于四大国有银行的第 5 大银行机构。2017 年 6 月 20 日在香港联交所挂牌上市。目前在广东河源、肇庆、清远、佛山、珠海设立 5 家异地分行;在全国 9 省市发起设立 25 家村镇银行,均已开业;全资设立珠江金融租赁公司,是广东省首家银行系金融租赁公司。多年来,它立足南粤大地,秉持服务"三农"的宗旨,为促进农民增收、农业发展、农村社会的稳定和城乡经济建设做出了重要贡献。

珠江村镇银行是由广州农村商业银行作为主发起联合各地优质股东发起设立的村镇银行。截至目前,广州农村商业银行已在北京、辽宁、山东、河南、江苏、四川、湖南、江西、广东 9 省(市)发起组建 25 家"珠江系"村镇银行,截至 2017 年年末,珠江村镇银行总资产 444.7 亿元,存款余额 366.4 亿元,贷款余额 217.3 亿元,当年实现经营利润 8.8 亿元。

广州农村商业银行对村镇银行的管理模式是在总行层面设立专门的一级部门统一履行管理职责。广东农村商业银行设立专门小微管理部,通过定期或不定期对其发起设立的村镇银行进行巡查,并通过与当地监管机构沟通进而提供村镇银行发展问题与困难解决机制。

（三）公司经营情况分析

苏州吴中珠江村镇银行作为我国农村金融服务体系的一员，始终致力于成为"吴中百姓自己的银行"，坚持"立足当地、服务'三农'、支持小微企业"的市场定位。根据吴中区当地企业、居民的金融服务需求，量身打造金融产品，先后扶持了吴中区地方村镇发展"一村一品""一村两楼宇""美丽乡村"等项目建设，同时扶持了茶叶、果品、养殖等行业的大量客户。

截至2016年，苏州吴中珠江村镇银行存款余额为12.74亿元，较年初增长4.62亿元，存款日均余额10.53亿元，较年初增加2.62亿元；贷款余额10.56亿元，较年初增加2.48亿元；实现净利润980万元。不良贷款率1.37%，较年初下降0.36个百分点。累计支持小微客户5 177户，累计放款为41.6亿元。可见，苏州吴中珠江村镇银行经营稳健，风险可控，对吴中本地"三农"和小微企业发展发挥了有效的支持作用。

（四）公司特色产品分析

自成立以来，苏州吴中珠江村镇银行始终坚持"立足当地、服务'三农'、支持小微企业"的市场定位。根据吴中区当地企业、居民的金融服务需求，量身打造金融产品。重点打造了"小企业微贷""村易贷""乐农贷""乐租贷""青年创业贷"等精品业务，以高品质、全方位服务赢得客户，在吴中地区树立了良好的口碑。苏州吴中珠江村镇银行特色产品主要有以下几种：

1. 村易贷

"村易贷"是向吴中珠江村镇银行经营区域内的农村经济组织发放的经营性贷款，主要支持经营区域内依法登记、规范运作、正常经营的村级经济组织，用于农村经济组织日常流动资金需要、项目开发建设或其他经认可的用途。该产品最高额度500万元，一次申请，统一授信，循环使用，还款灵活，是针对吴中区农村经济组织的金融服务产品。

2. 金领贷

"金领贷"是对具有吴中区户籍的优质客户群体发放的非经营性贷款。贷款可用于个人生产经营和装修、购车、购物消费、旅游等合法的个人消费用途，采取"一次审批、循环使用、随借随还"授信方式，贷款额度最高50万元，贷款期限最长为3年，还款灵活，随借随还。

3. 轻松贷

"轻松贷"是对具有吴中区户籍的优质客户群体发放的贷款，包括经营性和非经营性贷款,贷款可用于个人生产经营和装修、购车、购物消费、旅游等合法的个人消费用途,采取"一次审批、循环使用、随借随还"授信方式,贷款额度最高10万元,贷款期限最长为2年,还款灵活,随借随还。

4. 网围贷

"网围贷"是向在经营区域内的太湖蟹养殖专业户发放的,用于养殖户网围养殖经营,满足其从事养殖业发展中资金需求的专项流动资金贷款。创新担保方式,以《水域滩涂养殖证》为抵押,单张担保的金额最高15万元。一次审批,循环使用,最长授信可达3年。手续简便,流程快捷,资料齐全的情况下一般4个工作日即可提款,还款灵活,随借随还。

5. 宅吉贷

"宅吉贷"抵押贷款是针对辖区内有农村户口的村民和社员的生产经营性或创业性贷款。业务范围为种植业、养殖业等农业生产费用贷款、农机具贷款、小型农田水利基本建设贷款、农副产品加工与购销贷款以及为农业生产服务的农村个体户贷款等,以宅基地抵押为主,贷款额度最高100万元,期限最长3年,还款灵活,随借随还。

6. 乐租贷

"乐租贷"是吴中珠江村镇银行与商业地产出租方合作,为承租方提供专项融资服务的信贷业务产品。乐租贷采取"保证"及"名单制"方式,贷款对象为租赁合作方的物业并在合作方推荐名单内的企业或个体工商户、自然人。贷款额度最高100万元,贷款期限最长1年,原则上不超过租赁合同剩余期限。

7. 税贷通

"税贷通"是根据"银企通"系统核查企业纳税情况,给予在苏州市吴中区注册、持有有效工商营业执照的企业法人一定额度的综合授信业务。单户授信额度最高500万元,授信期限最长1年,可采取分期还款方式,也可到期一次性还款。

8. 珠江手机贷

"珠江手机贷"是吴中珠江村镇银行与第三方合作,向在经营区域内的个人发放的,不以营利为主要目的、用于购买约定机型的专项个人消费贷款。贷款期限两年,一次投放,按月还本付息。申请人在贷款期间除能享受优惠套餐以外还将获得各运营商配套补贴的话费和其他优惠。

（五）公司经营风险分析

1. 资本充足率下降，风险增加

随着存款业务的快速发展，其总风险资产增加，主要原因包括资金利用方式受限，存放同业款项增加。为了增加收益，在确保资金安全的前提下，吴中珠江村镇银行选择风险系数较高的珠江系村镇银行进行存放，存放同业款项风险资产比年初上升明显。因此，随着资产业务规模的日趋扩大，资本压力将迫使吴中珠江村镇银行选择资本节约型之路，贷款规模将会成为稀缺资源，必须优选资本占用低的业务，同时争取可以抵充覆盖风险的优质现金类质押品，控制授信业务风险，稳健经营。

2. 人力资源管理粗放，人均效能低

由于成立时间较短，吴中珠江村镇银行目前处于业务规模快速扩张期，根据网点布局、微贷业务发展、金融服务便利店布设的战略规划，人才需求较大。吴中珠江村镇银行人均创利为9.9万元，在珠江系村镇银行中偏低，人均时点存款余额1 287万元。人力管理相对粗放，人均效能较低。随着业务规模的不断扩大，应不断加大人才储备，完善人力资源管理机制，加强培训，提高人均效能。

3. 创新服务能力不强

对于各不相同的小微企业来说，它们的融资需求是十分多样化的，并非简单的"拿钱来"。因此，金融支持小微企业就必须牢固树立以客户为中心的经营理念，针对不同类型、不同发展阶段小微企业的特点，不断开发特色产品，为小微企业提供量身定做的金融产品和服务。但村镇银行本身资产规模小，人才缺乏，过高的业务开展成本和人力成本，使得产品趋于同质化，尤其是在授信方式、担保条件及利率期限设计上创新服务能力不足。

（六）公司创新发展分析

1. 创新业务产品，加大扶持力度

为了契合市场和客户，应密切关注政策导向和市场现状，顺势而为，发挥机制灵活、拥有自主决策权的优势，开发多款贴近当地市场实际、满足客户需求的产品。吴中珠江村镇银行在经营区域内推出的太湖蟹养殖专业户"网围贷"取得较好反响，获得多个产品奖项，要借鉴优秀经验，通过多元化、差异化、特色化产品，满足不同类型客户的需求。应继续根据"三农"需求，创新业务产品，加大资金扶持力度，支持"三农"和小微企业发展，助力本地经济发展。

2. 加快网点建设,落实普惠金融

尽快落实吴中区区域网点服务全覆盖,通过调研深入了解吴中区各个乡镇的银行布点情况和存贷款具体情况,详细测算成立支行或金融便利店等不同形式的物理网点不同的盈亏平衡点,审慎有序地推进各乡镇的网点布局工作,推动业务发展,进一步完善在吴中区范围内服务网点的覆盖,以实际行动落实普惠金融,助推吴中经济的发展。

3. 找准市场定位,深化"三农"服务

要始终坚持"支农支小"的市场定位,坚持小额、流动、分散的原则,面向"三农",面向社区,为客户提供便捷、切实的金融产品。同时,要在更多层面上为农民提供服务,深化"三农"服务,真正让农民感受到"吴中百姓自己的银行"的办行初衷。不断探索灵活、便利的信贷管理和服务模式,增强金融服务功能,努力扩大服务覆盖面。并在此基础上提高风险管理水平,巩固村镇银行的客户群体。这样才能走出一条具有自身特色的发展之路。

四、太仓民生村镇银行调查报告

(一) 公司基本情况

太仓民生村镇银行股份有限公司是由中国民生银行股份有限公司、企业法人和自然人共同发起成立的法人金融机构,于 2011 年 11 月 22 日对外营业,初始注册资本为 1 亿元,中国民生银行出资 5 100 万控股,占股份的 51%。目前,已开设 4 家支行,分别是浏河支行、璜泾支行、沙溪支行、开发区支行。其基本情况如表 4-7 所示。

表 4-7　太仓民生村镇银行基本情况

指标	具体内容
村镇银行名称	太仓民生村镇银行股份有限公司
法人代表	刘拥新
成立日期	2011 年 09 月 13 日
分支机构网点	浏河支行、璜泾支行、沙溪支行、开发区支行
注册资本	13 500 万元人民币
发起行	中国民生银行
机构地址	太仓市城厢镇南郊文治路 51 号溪华国际大厦

（二）公司股东背景分析

中国民生银行于1996年1月12日在北京正式成立，是中国第一家主要由民营企业发起设立的全国性股份制商业银行。成立22年来，伴随着中国经济快速发展，在广大客户和社会各界的支持下，中国民生银行从当初只有13.8亿元资本金的一家小银行，发展成为一级资本净额超过3 800亿元、资产总额超过5.9万亿元、分支机构近3 000家、员工近5.8万人的大型商业银行。2000年12月19日，中国民生银行A股股票（代码:600016）在上海证券交易所挂牌上市。2005年10月26日，中国民生银行完成股权分置改革，成为国内首家实施股权分置改革的商业银行。2009年11月26日，中国民生银行H股股票（代码:01988）在香港证券交易所挂牌上市。

民生银行自2008年起积极参与村镇银行建设工作，经过六年多的努力，已经取得了较大的成绩，显示出非凡的潜力，在数量、规模和效益等方面均居全国前列。目前，民生银行已发起设立了29家村镇银行，为支持当地"三农"和经济发展做出了一定贡献。表4-8列举了2018年29家民生村镇银行的分布情况。

表4-8　2018年29家民生村镇银行分布表

省份	数量	名称	成立时间	城市
福建	3	安溪民生村镇银行	2011	泉州市
		翔安民生村镇银行	2013	厦门市
		漳浦民生村镇银行	2012	漳州市
安徽	3	池州贵池民生村镇银行	2012	池州市
		天长民生村镇银行	2012	滁州市
		宁国民生村镇银行	2012	宁国市
云南	3	普洱民生村镇银行	2012	普洱市
		腾冲民生村镇银行	2013	保山市
		景洪民生村镇银行	2012	西双版纳州
湖北	3	钟祥民生村镇银行	2011	钟祥市
		武汉江夏民生村镇银行	2010	武汉市
		宜都民生村镇银行	2011	宜昌市

续表

省份	数量	名称	成立时间	城市
四川	2	资阳民生村镇银行	2010	资阳市
		彭州民生村镇银行	2008	彭州市
重庆	2	綦江民生村镇银行	2010	綦江区
		潼南民生村镇银行	2010	潼南市
陕西	2	榆林榆阳民生村镇银行	2012	榆林市
		志丹民生村镇银行	2012	延安市
浙江	2	慈溪民生村镇银行	2008	慈溪市
		天台民生村镇银行	2012	台州市
江苏	2	太仓民生村镇银行	2011	苏州市
		阜宁民生村镇银行	2011	盐城市
上海	2	上海松江民生村镇银行	2009	松江区
		嘉定民生村镇银行	2011	嘉定区
西藏	1	林芝民生村镇银行	2013	林芝市
吉林	1	梅河口民生村镇银行	2010	梅河口市
河北	1	宁晋民生村镇银行	2011	邢台市
河南	1	长垣民生村镇银行	2010	长垣县
山东	1	蓬莱民生村镇银行	2011	烟台市

民生银行对其村镇银行采用总行成立专门部门履行部分管理职责与所在地分行履行部分管理职能相结合的管理模式。民生银行在总行设置村镇银行管理部(总行二级部门),主要对村镇银行在公司治理、制度建设、考核监督、业务支持等方面履行大股东职责。分行负责督导属地村镇银行的日常经营管理。目前,民生银行村镇银行管理部设立两个中心:公司治理与业务统筹中心、运营支持中心。设置的岗位有公司治理与机构建设岗位、风险管理岗位、并表管理岗位、系统建设岗位、人力资源管理岗位、财务会计岗位等。总行授权分行进行日常经营管理,但并非全权授权,这使得决策链条增长,容易出现信息失真的情况。

(三)公司经营状况分析

太仓民生村镇银行积极贯彻"聚焦小微,服务'三农'"的立行宗旨,多方位推进团队建设,重点发展小微企业和个体工商户的经营性贷款,不断强化小微金融服务的优质管理,完善小微金融服务的有效机制。根据太仓的区域特点,高度重视小微企业的各种切实需求,在坚守有效识别、防范、化解风险的基础防线上加大创新力度,针对不同类型、不同发展阶段的小微企业的特点积极制定与之相符的金融服务推进方案。

截至2018年9月末,太仓民生村镇银行各项贷款余额为97 728.28万元。从贷款期限来看,分为短期贷款、中长期贷款,其中短期贷款余额为37 130.62万元,中长期贷款余额为60 597.66元;从贷款结构来看,分为对公贷款和个人贷款,其中对公贷款余额为46 588.15万元,个人贷款余额为51 140.13万元。涉农贷款金额为80 140.64万元,占比82%。各项存款余额为63 333.75万元,其中对公存款余额为52 391.08万元;储蓄存款余额为10 449.17万元;应解汇款余额为493.5万元。

截至2018年6月,太仓民生村镇银行资本充足率为24.31%,远高于监管规定的8%,说明太仓民生村镇银行保持了稳健审慎的经营态度,保持了较强的抗风险能力;其不良贷款率为0.84%,信用风险较低;"三农"和小微企业贷款占比82%,有力地支持了本地"三农"和小微企业的发展。

(四)公司特色产品分析

太仓民生村镇银行紧紧围绕服务"三农"经济、小微企业的办行宗旨和经营理念,找准市场定位,积极开拓创新,贴心便民服务,贴近"三农"、小微企业,积极探索金融服务新途径,力争服务方式"活"、服务效率"快"、服务产品"新",全力打造"太仓人民自己的银行"的品牌和形象。其特色产品主要有以下几种:

1. 富仓贷

太仓民生村镇银行在审慎筹备后,推出了聚焦普惠金融的创新产品——"富仓贷",本产品是针对太仓本土优质受薪人士满足家庭综合消费的新型信用贷款。经过中期数次调研规划和后期全面的推广宣传,太仓民生村镇银行已于2017年5月26日发放了第一笔"富仓贷",截至2017年年末,太仓民生银行累计审批"富仓贷"744笔,投放325笔,投放金额6 347万元。

2. 富农贷

太仓民生村镇银行通过向村委领导了解、现场调查和走访农户的形式,调查本地农户的金融需求,于2017年三季度推出了符合太仓本地农村经济特点的金融产品——"富农贷"。该产品主要用于涉及政府拆迁、住房安置的消费贷款,对推动太仓市城乡一体化和新农村建设的发展具有相当积极的意义。截至2017年年末,太仓民生村镇银行累计审批"富农贷"12笔,投放11笔,投放金额193万元。

3. 创业担保贷款

为积极贯彻落实党中央、国务院促进就业、再就业的扶持政策,同时进一步推动金融机构对实体经济的支持力度,太仓民生村镇银行不断加强与政府部门之间的外部联动,并结合太仓地区的实际情况,走进各个社区,大力开展就业、再就业的调研工作,全方位探明本地区创业环境。通过前期审慎的筹备工作,于2017年11月与太仓市人力资源和社会保障局及太仓市财政局共同签订完成了新型产品——"创业担保贷款"的相关合作协议,"创业担保贷款"已逐渐成为太仓民生村镇银行主推的特色产品之一。该产品主要针对人群为太仓地区的下岗失业人员、企业登记失业人员和复原转业退役军人,旨在鼓励和扶持各类失业人员自谋职业,自主创业。该产品扎根当地,服务本土,具有额度高(金额最高可达20万)、期限长(单笔最长可达3年)、利息优惠(如满足相应条件,政府予以贴息)、还款方式灵活(可根据实际情况采取等额本息、等额本金、按月付息到期还本三种方式)四大优点,多措并举,确保太仓民生村镇银行能够充分发挥促进创业带动就业的重要作用,全方位破解太仓本地区就业、再就业难的困境。

(五) 公司经营风险分析

1. 存款总量增长乏力

面对太仓本地其他金融机构的竞争,太仓民生村镇银行存款总量增长乏力,存款的增加大多依靠临时资金,季末过后留存较少,总体较为乏力,存款年度日均任务脱幅较大。由于体量小、资金实力弱、网点少,在当地的社会知名度较低,普通百姓对村镇银行缺乏足够的信任,村镇银行的工作人员经常要面临当地居民的询问和质疑。老百姓更愿意到四大银行办理储蓄业务,原因是认为在村镇银行存款不安全。村镇银行的社会公信力远不如当地信用社和邮政储蓄银行,社会公信力弱、社会认知度较低带来突出的吸收存款难的问题。

2. 客户获得与维护能力不足

贷款虽然已从前几年不断萎缩的局面中走出来,实现了贷款规模逐步攀升的目标,但仔细观察发现,客户资料经过一定包装后,客户经理对风险识别不足,后期风险隐患较大。贷款无有效的获客来源,往往中间季度呈现停滞不前状态,客户经理等业务人员流失较多,单人管户量较大,有的管户上千户,日常仅能维护几十户,造成大量贵宾客户无人维护的现象。

3. 业务发展中科技技术驱动能力、数据分析能力较弱

各类客群分析都是通过业务部门取得数据后由产品经理简单加工,自动化信息化技术应用较少。管理部门数据统计也基本停留在半手工状态,缺少有效的数据管理系统。日常数据分析效率较低。固定化的统计分析报表较少,因考核归属问题,总行对支行的业务指导和客群分析不到位。支行层面更是缺少数据分析能力。

(六) 公司创新发展建议

坚持稳中求进的总方针,切实做好新形势下的普惠金融工作。

1. 不忘初心,服务实体

要以实体经济服务作为全部工作的出发点和落脚点,全面提升金融服务实体经济的效率和水平。把更多金融资源配置到经济社会发展的重点领域和薄弱环节,更好地满足太仓地区人民群众和实体经济多样化的金融需求。

2. 提高服务能力,走特色化道路

要优化组织决策结构,在质量优先的情况下不断创新、持续发力,切实降低实体经济融资成本,提高资源配置效率,最终形成具有太仓民生村镇银行特色的普惠金融服务模式。不断提高根植本地,服务"三农"和小微企业的能力,开展差异化、特色化的业务,不断满足太仓本地的金融需求。

3. 将主动防范化解金融风险放在更加重要的位置

对各类风险苗头绝不掉以轻心、置若罔闻,坚守不发生系统性金融风险的底线目标,完善全面风险管理体系,增强防控风险的自觉性、紧迫性和有效性。积极稳妥地深化金融改革,进一步完善公司治理。加强宏观审慎管理制度建设,在加强功能监管的同时更加重视行为监管,在引导太仓民生村镇银行同太仓经济发展相协调的同时全面保障风险可控。

五、吴江中银富登村镇银行调查报告

(一) 公司基本情况分析

中国银行股份有限公司和富登金融控股有限公司于2005年正式建立亲密无间的战略合作伙伴关系。2007年富登金控建立咨询团队,协助中国银行

推行中小企业业务模式。2009年中期,中国银行同富登金控建立筹备组,为挖掘县域经济中的金融机会而制定村镇银行的发展策略和商业运行模式。结合中国银行法人本土优势和富登金控的国际经验,中银富登村镇银行于2011年3月在国家级贫困县湖北蕲春正式设立了第一个网点,此后便不断扩展营业网络。

截至2018年6月末,中银富登村镇银行已在全国设立了86家村镇银行,加上在国开行并购的14家,在建设银行收购的27家,总数已达到127家,其中76%分布在中西部,33%分布在国家级贫困县,成为国内机构数量最多、地域覆盖范围最广的村镇银行集团。中银富登村镇银行制定适合小微企业、"三农"客户的金融服务和信贷流程,开发了14大类、60余种小微和涉农产品,服务客户超过160万户,为超过13万个客户提供贷款服务。

吴江中银富登村镇银行于2013年9月29日在江苏省苏州市吴江区成立,注册资金15 000万元人民币,其基本情况如表4-9所示。

表4-9 吴江中银富登村镇银行基本情况表

指标	具体内容
村镇银行名称	苏州吴江中银富登村镇银行有限公司
法人代表	姚红良
成立日期	2013年09月29日
分支机构网点	汾湖支行、盛泽支行
注册资本	15 000万元人民币
发起行	中国银行
机构地址	苏州市吴江区松陵镇鲈乡北路207号

(二)公司股东背景分析

中银富登村镇银行是由中国银行和富登金控联合发起的。其中,中国银行成立于1912年2月,是中国国际化和多元化程度最高的银行,为37个国家和地区的客户提供全面的金融服务。主要经营商业银行各类业务,包括公司金融业务、个人金融业务和金融市场业务等。富登金控成立于2003年1月,是新加坡淡马锡控股公司的全资子公司,总部设在新加坡,主要从事金融行业投资业务,专注为金融服务不足的地区和客户提供多样化优质服务,其在中国、印度、印尼、巴基斯坦、马来西亚、越南及阿拉伯国家等投资多家不同金融机构。在商业银行方面,富登金控以服务中小企业和个体工商户的金融创新著称;在消费金融方面,聚焦于小康和工薪阶层的金融服务。近年来,富登金控更加关注金融科技创新的发展,通过资深的团队和专业化运作,为客户和股东创造长期价值。

中银富登村镇银行于2011年3月在国家级贫困县湖北蕲春正式设立了第一个网点,此后便不断扩展营业网络,规模化、批量化地在全国范围设立村镇银行。截至2018年,中银富登村镇银行在全国19个省市设立了100家村镇银行,220余个机构网点。作为国内规模最大、业务范围最广的村镇银行集团,2018年6月末,中银富登村镇银行全辖存款余额超过300亿元,全辖贷款余额超过300亿元,共服务客户160余万户,为13万客户提供贷款服务,户均贷款约为22万元。其中,涉农及小微贷款占全部贷款的90.29%,农户贷款占全部贷款的41.56%。中银富登下设的村镇银行的不良贷款率为1.72%,关注类贷款占比0.84%,拨贷比4.30%,拨备覆盖率249.31%。

中国银行作为主发起行对中银富登村镇银行采取专设子公司集约化管理模式。中银富登建立了联合指导委员会、筹备组,在筹备组下面成立专门委员会,全面把握村镇银行的整体经营管理策略,联合指导委员会和各专门委员会定期商议讨论村镇银行经营管理的重要重大事项,并定期跟踪落实执行情况。现阶段村镇银行的管理采用了筹备组指导和村镇银行自治相结合的方式。筹备组是股东会的代表机构,鉴于中银富登"集约化""批量化"的发展模式,股东会对村镇银行发展有统一要求和定位,筹备组履行股东会代表机构的职责,负责项目的日常监控和中后台服务。由于村镇银行成立时间较短,内控及风险管理经验不足,相关业务发展及日常管理由筹备组总部进行指导,涉及村镇银行经营管理、业务发展的重点战略及相关规划由村镇银行股东会、董事会来最终决策。

(三)公司经营情况分析

吴江中银富登村镇银行坚持"支农支小"、根植本地的市场定位,在正式开业之前,对吴江本地的经济发展、"三农"发展、小微企业经营状况等市场情况做了全面深入的调研,以此确定自己的客户群和服务对象;开业后,坚持"行商"策略,主动走出去,发展客户,通过对客户经营状况的调查,针对"三农""小微"量身定做特色产品,不断提高自身"支农支小"的能力以及经营盈利能力。目前,吴江中银富登村镇银行存款达到 6 亿多元,贷款 8 亿元左右,不良率仅为 0.3%,2017 年实现营业净收入 4 833 万元。其具体经营情况如表 4-10 所示。

表 4-10 吴江中银富登村镇银行经营情况表

项目	2017 年年末（万元）	2018 年上半年（万元）	增减（万元）
资产总额	82 124.64	93 611.08	11 486.44
存款余额	61 724.69	61 354.97	-369.72
贷款余额	63 427.21	76 945.59	13 518.38
户均贷款数	64	74.78	10.78
个私贷款	36.84	34.00	-2.84
不良贷款率	0.45%	0.30%	-0.15%
利润	1 847.53	616.53	/
农户小微贷款占比	/	79.26%	/

由表 4-10 可发现,其一,吴江中银富登村镇银行目前存贷倒挂,贷款余额大于存款余额,风险较大,但其资金缺口会由中银富登村镇银行总行填补。其二,相比 2017 年年末,2018 年户均贷款量增大,从 64 万元上升至 74.78 万元,增加了 10.78 万元。这主要是因为 2018 年上半年,用于太湖拆迁所放的 137 户,数额在 5 万元、10 万元的贷款被还清,从而拉升了户均贷款。其三,吴江中银富登村镇银行不良率下降,到 2018 年上半年,不良率仅为 0.30%,无论是与吴江区其他金融机构还是与其他地区村镇银行相比都较低,说明信用风险较小。

（四）公司特色产品分析

苏州吴江中银富登村镇银行根据苏州市吴江区本地经济发展情况,针对农业生产、小微企业发展特点,开发出形式多样的信用贷款产品,为当地中小企业、微型企业、工薪阶层和农业客户带来更好的产品与服务。以下介绍其主要特色产品。

1. "轻松贷"

轻松贷是中银富登村镇银行为小微企业提供的最高贷款期限为两年的抵押贷款。该贷款期限长,最长期限可达 2 年;贷款额度可循环使用,只需通过简易年审,到期可不归还本金,通过续签合同,续贷到下一年;节省费用,一次抵押,2年有效,可减少抵押登记费用。

2."无忧贷"

无忧贷是针对当地小微企业及农业生产抵押物不足推出的特色贷款。该贷款抵押品灵活,双证房产、单证房产、集体土地、机器设备均可接受;审批快捷,通过在当地设立风险专员将缩短贷款的审批时间;节省费用,随借随还,利息以实际支用额度与期限计付。

在实际操作中,升级传统抵押率观念,将最大抵押物评估价值放大到250%;放大抵押率,增加贷款额度。并认真落实机器设备抵押措施,扩大可抵押范围。同时根据小微企业、"三农"客户的特点、需求和成长周期,量身定制不同用途贷款期限以及还款方式,拉长还款时间,有效降低企业还款压力。

3."成长贷"

成长贷是中银富登村镇银行为辅助小微企业成长推出的贷款产品,分为固定资产成长贷和流动资金成长贷。固定资产成长贷是为解决小微企业经营发展中的设备改造以及扩大生产所需的新机器购置费用问题而开发的中长期固定资产贷款产品。该产品押品灵活,双证房产、单证房产、集体土地、机器设备均可接受;最长期限可达5年之久。流动资金成长贷,是满足企业经营发展中面临的中期流动资金需求而开发的贷款产品。流动资金成长贷免除企业后2年办理抵押登记的手续,押品灵活,双证房产、单证房产、集体土地、机器设备均可接受;针对县域中小企业资金需求,贷款期限达3年;根据贷款期间的本金和利息进行等额本息偿还,每月只需偿还少于3%的本金;一次抵押,3年有效,可节省抵押登记费用。

除以上三种产品外,吴江中银富登村镇银行还有针对"三农"客户、工薪阶层及个体工商户、微小型企业开发的各类存款产品和贷款产品,比如"安居贷""信用贷""随薪贷""定存贷"等。在产品开展上,中银富登村镇银行定位于"支农支小",根据当地经济发展情况开发具有特色的、有针对性的产品。

(五)公司经营问题分析

1.存贷倒挂,存款不足

2016年年末,吴江中银富登村镇银行存款余额为53 493万元,贷款为52 006万元,2017年年末,存款为61 725万元,贷款为63 427万元,出现贷款余额大于存款余额的存贷倒挂问题。至2018年上半年,吴江中银富登村镇银行存款余额为61 355万元,贷款余额为76 946万元,存贷倒挂问题依然存在。存贷倒挂的主要原因是存款不足。村镇银行本身成立时间短,品牌度低,在金融机构众多的发达地区,面临吸收存款的巨大压力。另外,由于不鼓励村镇银行发放政府贷款,而政府性资金存款往往与政府性贷款挂钩,所以,村镇银行难以获得政府性存款。这也使得村镇银行存款不足。

2. 员工流动较大

目前,吴江中银富登村镇银行员工离职率在10%到15%左右,人员流动较大。其中近一半是由于能力达不到要求而被动提出离职的。这反映出村镇银行员工工作经验的不足,以及对村镇银行工作的适应力不强。村镇招聘的员工大部分是应届毕业生,没有银行业工作经历和经验,对村镇银行的认识不足,更不了解村镇银行市场定位、业务开展的特殊性。另外,村镇银行人才管理梯队不完善,员工成长周期较短,很多新招纳的员工做几个月的柜面就要做客户经理,甚至很多管理部门重要岗位像审计、风险、授信方面的员工很多根本没有柜面经验,业务基础不扎实,对业务的风险点、关注点不够了解,对市场的把握能力不足,工作经验不足,容易造成工作上的失误与过失,进而离职。另外近半数是主动离职,主动离职的原因主要是村镇银行工作辛苦,压力较大,受银行盈利限制,工资待遇又不高,加上很多员工入职之初就是想把村镇银行作为自身职业发展的跳板。无论哪种离职都会破坏银行分工的稳定性,不利于银行经营与盈利能力的提升。

3. 信用风险较大,授信成本较高

信息不对称是村镇银行信用风险产生的重要原因。吴江中银富登村镇银行贷款中涉农贷款占比近80%,其服务的多数"三农"客户、小微企业客户没有标准的财务信息,更没有成熟的信用评价机构对其进行合理评估。在这种情况下,村镇银行需要付出大量成本去调查农户和小微企业的信用和财务信息,并且难以保证信息的真实性。该模式使得其授信成本较大,信用风险较大。针对这种情况,吴江中银富登村镇银行通过实体考察,通过企业日均能耗、发放工资情况、物料消耗、资金流等来验证和评估其经营状况与还债能力,不再依靠企业不完整的财务信息等。

(六)公司创新发展分析

1. 坚持科技引领,服务实体经济

加快打造用户体验极致、场景生态丰富、线上线下协同、产品创新灵活、运营管理高效、风险控制智能的数字化银行。以手机银行为载体,打造综合金融移动门户,走遍全球,一机在手,共享所有。紧紧围绕实体经济需要和高质量发展要求,加快推进科技数字化、业务全球化、服务综合化、资产轻型化、机构简约化趋势,大力优化金融供给,积极服务实体经济发展,着力打造具有强大价值创造能力和市场竞争能力的高质量发展模式。

2. 加强员工培训,完善激励考核机制

村镇银行要探索适合村镇银行发展特色的培训内容与方式,只有开展针对性业务培训,帮助员工适应村镇银行工作环境、工作内容与工作方式,才能不断提升员工业务技能、工作能力与管理能力。此外,村镇银行应拉长培养路径,增加人才梯队,让员工能从柜面、客户经理等基层开始得到充分锻炼,增强其业务能力,使其逐步成长。要建立合理的绩效薪酬结构,即期报酬激励与中长期激励相结合。将员工的利益与企业长期利益挂钩,如推出股权激励计划等,形成利益共同体。坚持"量化到人、多劳多得、权责挂钩"的原则,针对不同岗位、不同业绩相对应绩效的差异性问题,建立完善的"优胜劣汰、能上能下"的干部激励约束机制,不断完善绩效考评机制。

3. 坚持创新驱动,为农村和县域地区提供专业产品与服务

紧盯市场趋势和客户需求,加快推动技术创新、产品创新和业务创新,通过"颠覆"传统、打破常规的行动,成为优质金融服务的提供者、平台连接的缔造者、数据价值的创造者和智能服务的先行者。

在追求品质和服务不断进步的同时,追求自身成长和客户发展的同步协调,以实际行动帮助核心客户——中小企业、微型企业、工薪阶层和农业客户,改善县域环境,加速社区经济发展。同时,在全国范围内开设多家村镇银行与支行,将国际化的产品设计、客户服务和风险管理经验与本地社区实际相结合,为更多社区带去繁荣发展和美好生活。

第五章

发达地区村镇银行发展环境分析

——以长三角为例

在综合考察了发达地区村镇银行的发展特点、现状与问题,并选择发达地区村镇银行典型个案进行深度研究的基础上,本章将从外部环境入手,分析发达地区村镇银行所处的经济和金融环境,以期为后文综合评价发达地区村镇银行未来的战略定位和发展前景提供依据。本章将以京津冀、长三角、珠三角三个最为发达的城市圈作为发达地区的代表,并将长三角地区作为重点研究对象。

第一节 发达地区经济环境特征分析

金融经济理论已经证明:经济发展决定金融发展。货币的产生、信用的呈现、金融机构体系的发展、金融工具的创新、监管机构的完善等,都离不开经济的发展。金融在整体经济关系中处于从属地位,金融是为整体经济发展服务的。同样,金融对经济的发展具有鞭策作用,而且经济发展程度越高,金融对经济发展的作用越大。所以,在提出我国发达地区村镇银行发展战略和市场定位前,我们首先对发达地区的经济环境做出客观评价和分析。

一、发达地区整体经济发展水平

(一)京津冀

京津冀地区作为我国的首都经济圈,包括北京市、天津市和河北省大部分地区。习近平总书记在 2014 年指出,京津冀协同发展是国家重大战略。

经过这几年的建设发展,京津冀地区的整体实力进一步提升,经济保持中高速增长,结构调整取得重要进展;协同发展取得阶段性成效,首都"大城市病"得到缓解,区域一体化交通网络基本形成;生态环境质量明显改善,生产方式和生活方式绿色、低碳水平上升;人民生活水平和质量普遍提高,城乡居民收入增长较快,基本公共服务均等化水平稳步提高。

然而,在三地协同发展的同时,河北省与北京市、天津市之间的发展差距依然明显。2017年,北京市实现地区生产总值28 000.4亿元,按可比价格计算,比上年增长6.7%。其中,第一产业增加值120.5亿元,下降6.2%;第二产业增加值5 310.6亿元,增长4.6%;第三产业增加值22 569.3亿元,增长7.3%。三次产业构成由上年的0.5∶19.3∶80.2,调整为0.4∶19.0∶80.6。按常住人口计算,全市人均地区生产总值为12.9万元。全市完成一般公共预算收入5 430.8亿元,比上年增长6.8%(剔除"营改增"影响,同口径增长10.8%)。其中,与"营改增"相关的增值税等完成1 671.9亿元,下降7.1%;企业所得税和个人所得税分别为1 229.8亿元和643.2亿元,分别增长12.3%和12.6%。同年,天津实现地区生产总值18 595.38亿元,按可比价格计算,比上年增长3.6%。其中,第一产业增加值218.28亿元,增长2.0%;第二产业增加值7 590.36亿元,增长1.0%;第三产业增加值10 786.74亿元,增长6.0%。三次产业结构由上年的1.2∶44.8∶54.0,调整为1.2∶40.8∶58.0。按常住人口计算,全市人均地区生产总值为11.9万元。全年一般公共预算收入2 723.46亿元,增长10.0%。其中,税收收入1 624.18亿元,增长12.1%,占一般公共预算收入的59.6%。从主体税种看,增值税455.80亿元,增长36.4%;企业所得税278.42亿元,增长7.1%;个人所得税96.78亿元,增长18.4%。相比较而言,河北省作为接收京津产业外迁的主要地区,虽然在产业结构调整以及经济发展增速上均有不错的成绩,但其发展质量仍与京津地区存在不小差距。2017年河北全省实现地区生产总值35 964.0亿元,按可比价格计算,比上年增长6.7%。其中,第一产业增加值3 507.9亿元,增长3.9%;第二产业增加值17 416.5亿元,增长3.4%;第三产业增加值15 039.6亿元,增长11.3%。三次产业构成由上年的11.0∶47.3∶41.7,调整为9.8∶48.4∶41.8。按常住人口计算,全省人均地区生产总值为4.80万元。河北全省地方一般公共预算收入2 850.8亿元,增长7.6%。税收收入1 996.1亿元,增长3.2%。

(二) 珠三角

珠江三角洲城市群是亚太地区最具活力的经济区之一,是具有全球影响力的先进制造业基地和现代服务业基地,是南方地区对外开放的门户,中国参与经济全球化的主体区域,全国科技创新与技术研发基地,全国经济发展的重要引擎,是辐射带动华南、华中和西南发展的龙头。

2017年,珠三角乃至广东省在国民经济和社会发展方面依旧表现出色。初步核算并经国家统计局核定,2017年全省实现地区生产总值89 879.23亿元,珠三角城市群地区生产总值占全省比重为79.7%,比上年增长7.5%。其中,第一产业增加值3 792.40亿元,增长3.5%,对地区生产总值增长的贡献率为2.0%;第二产业增加值38 598.55亿元,增长6.7%,对地区生产总值增长的贡献率为39.8%;第三产业增加值47 488.28亿元,增长8.6%,对地区生产总值增长的贡献率为58.2%。三次产业结构比重为4.2∶43.0∶52.8,第三产业所占比重比上年提高0.8个百分点。在第三产业中,批发和零售业增长5.4%,住宿和餐饮业增长2.2%,金融业增长8.8%,房地产业增长4.8%。在现代产业中,高技术制造业增加值9 516.92亿元,增长13.2%;先进制造业增加值17 597.00亿元,增长10.3%。现代服务业增加值29 709.97亿元,增长9.8%。生产性服务业增加值24 344.75亿元,增长8.8%。民营经济增加值48 339.14亿元,增长8.1%。2017年,广东人均地区生产总值达到81 089元,按平均汇率折算为12 009美元。

(三) 长三角

长期以来,长三角地区都是我国经济最为发达、综合实力最为雄厚的地区,也是我国现代化、城镇化水平最高的区域。2017年整个长三角地区抓住大势,顺势而为,经济总量在高平台基础上实现再增长,增速指标在新常态下呈现稳步回升态势,在加快结构转型升级步伐的同时,对全国经济的贡献度稳步提升。

综合实力迈上新台阶。据统计,2017年长三角城市群26个城市实现地区生产总值超过16万亿元,达到16.52万亿元,较上年增加1.8万亿元,其中上海首次突破3万亿元,无锡首次突破万亿元,"万亿俱乐部"城市达到5个,全国超过三成的"万亿俱乐部"城市位于长三角城市群。完成固定资产投资突破9万亿元,达到9.13万亿元,较上年增加5 185亿元,其中工业投入突破3.5万亿元;社会消费品零售总额突破6万亿元,达到6.39万亿元,较上年增加5 895亿元;一般公共预算收入接近2万亿元,达到1.97万亿元,较上年增加1 100亿元;城镇居民人均可支配收入26个城市总量均值为44 987元,较上年平均增加3 544元,农村居民人均可支配收入总量均值为22 696元,较上年平均增加1 855元。

城市群增长实现新提升。2017年长三角城市群协同进步,区域主要经济指标增速较上年均实现正增长。从地区生产总值看,26个城市增速均值为增长7.8%,高于全国0.9个百分点;从工业生产看,26个城市规模以上工业增加值增速均值为增长8.2%,较上年提升0.3个百分点,高于全国1.6个百分点;从产业投入看,长三角城市群工业投入增长8.1%,较上年提升1.2个百分点,高于全国4.5个百分点;从对外贸易看,长三角城市群进出口和出口总额增速均实现正增长,分别增长13.1%和9.9%,高于全国1.7个和2.0个百分点。

区域贡献呈现新作为。长三角地区在我国国民经济中具有举足轻重的地位,长三角城市群在新常态下坚持走科学发展、和谐发展和城乡一体化发展之路。其主要经济指标占全国份额实现再提升:2017年长三角城市群创造了超过全国1/5的经济总量,超过全国1/5的房地产投资,超过全国1/6的社会消费品零售总额,超过全国1/3的进出口总额和出口总额,地区生产总值、固定资产投资、社会消费品零售总额和进出口总额占全国比重分别较上年提升0.2、0.1、0.3和0.5个百分点。

(四)三大经济圈对比

从产业结构上看。京津冀以重化工——资本密集型产业为主,是中国重化工业、装备制造业和高新技术产业基地。珠三角多劳动密集型产业,主要由加工贸易导引,多以服装、玩具、家电等劳动密集型产业为主。近些年高新技术产品增速快,珠三角已成为全球最大的电子和日用消费品生产与出口基地之一。长三角第二产业尤其是工业强力引领经济快速增长。

从发展动力上看。京津冀属于国资主导型,传统计划体制的惯性影响较大,尽管近些年所有制结构调整加快,但国有经济比重仍相对较高,但也要看到,该地区民资和外资的投资增势趋强。珠三角属于外资推动型,在吸引外资方面占据绝对领先地位,外资主要来自香港地区、东南亚以及海外的华资。长三角属于民资主导型,较早诞生了以集体和私营经济为主体的"苏南模式"和"温州模式"。

从经济增长上看。京津冀是内需拉动型,已发展成为我国规模较大、较为发达和成熟的现代物流中心和消费市场区之一,外向化程度不如珠三角和长三角,但该地区对外开放在近年来呈现出加快势头。珠三角是出口拉动型,依靠吸引大量境外投资,迅速成为中国经济国际化或外向化程度最高的地区。长三角是投资拉动型,跨国资本正大举向长三角地区转移,长三角正朝着国际经济、金融、贸易和航运四大中心迈进。

从发展特色上看。京津冀形成了中国重要的工业密集区和大型城市群,区域经济发展相对于珠三角和长三角明显落后,开始全力构建环渤海经济圈区域经济发展新平台,建立"多赢"的区域协调和合作新机制。珠三角以农村城镇化为主导的"爆发式"城市化,表现出多中心、高强度、聚集式的城市群发展形态。长三角更像是综合性产业基地,城市化进程呈现出结构性大发展趋势,城市综合实力全国领先,圈层特征明显,城市与城镇工业化水平较高,城乡居民生活比较富裕。

二、长三角地区产业结构分布

(一) 企业主导,转型发展重塑"强动力"

作为全国率先发展也率先遭遇发展瓶颈的地区之一,长三角城市群向改革创新要发展动力,不断"爬坡过坎",努力转型升级,以创新贯穿五大发展理念,以企业转型发展重塑区域经济发展新动能。

结构转型步伐加快。长三角城市群市场经济发育程度较高、国际化程度较高,又是国际产业转移的首选之地,产业结构在转型升级中取得积极进展,工业服务业呈现双轮驱动。从产业结构来看,2017年长三角城市群三次产业结构调整为3.2:43.4:53.4,二、三产业双轮驱动,协同促进长三角地区经济快速发展。第二产业增加值突破7万亿元,达到7.17万亿元,26个城市平均增速为7.4%,高于全国1.3个百分点;第三产业增加值突破8万亿,达到8.82万亿元,长三角城市群第三产业增加值占全国的比重为20.6%,较上年同期提升0.1个百分点,高于同期GDP占比0.6个百分点。

产业升级成效明显。从产出指标看,长三角地区26个城市规模以上工业总产值增速继续保持两位数增长,规模以上工业增加值增速均值达到8.2%,较上年提升0.3个百分点,较2015年提升0.5个百分点,连续两年实现提升,工业依然是支撑长三角城市群经济攀升的主引擎。从投入指标看,长三角城市群工业投入增长8.1%,较上年回升1.2个百分点,强投入成为高产出的首要保障。从相关指标看,长三角城市群工业用电量增长7.0%,较上年大幅回升3.1个百分点,6个城市的增速达到两位数以上,工业用电与工业生产增速趋势呈现同步。从城市发展看,2个城市规模工业增加值增速达到两位数,增速为9%~10%的城市有9个,增速高于7%的城市有19个。

(二)积极作为,聚焦发力谋篇"高质量"

长三角城市群紧扣"高质量发展"要求,通过加快新旧动能转换,努力补齐经济社会发展短板,推动经济发展质量变革、效率变革、动力变革,使经济结构更优、效益更佳、活力更足,赢得了质量和效益的双提升。

三大需求适度扩张。消费动力持续增强:长三角城市群实现社会消费品零售总额6.39万亿元,同比增长10.2%,持续保持两位数增长。从城市发展看,18个城市总量超过千亿元,增长12%以上的城市有6个,安徽马鞍山增速最快,达到12.5%。投资增长保持平稳:长三角城市群固定资产投资超过9万亿元,达到9.13万亿元,同比增长8.2%,增速高于全国1个百分点。从城市发展看,25个城市投资总量超过千亿元,15个城市的增速超过10%。对外贸易回暖向好:长三角城市群进出口总额和出口总额分别增长13.1%和9.9%,继续呈现快速回升的态势。从区域板块看,四大区域出口实现全面回升,上海、江苏、浙江、安徽板块分别较上年同期回升12.0、19.8、11.2和19.9个百分点。从城市发展看,13个城市出口总额超过百亿美元,12个城市的增速超过10%。

"口袋"逐步丰实。百姓幸福获得感提升:长三角城市群"聚焦富民"主攻战,26个城市城镇常住居民人均可支配收入均值为44 987元,增速均值为8.6%,增速较上年同期提高了0.4个百分点;农村常住居民人均可支配收入均值为22 696元,增速均值为8.9%,增速较上年同期提高了0.3个百分点;城镇与农村居民收入增速差距为0.3个百分点,较上年同期收窄0.1个百分点。从城市发展看,11个城市的城镇居民人均可支配收入超过5万元,其中上海首超6万元,15个城市的农村居民人均可支配收入超过了2万元。政府收入稳步增大:长三角城市群实现一般公共预算收入1.97万亿元,同比增长8.8%,较上年增加1 108亿元,实现了财政税收的稳定增长。从区域板块看,上海板块增长9.1%,江苏板块9市增长7.0%,浙江板块8市增长12.1%,安徽板块8市增长5.4%。从城市发展看,24个城市财政收入总量超过百亿元,10个城市增速达到两位数,增长最快的湖州市增速为15.2%。

(三)区域协调,发展特色彰显"个性化"

长三角城市群分布于"三省一市",在产业布局、交通物流、人文观念等方面均存在较明显的差异,《长江三角洲城市群发展规划》的出台,从整体上提升了区域协调发展的系统性、综合性和长期性,高技术产业成为长三角区域发展的新动能。

智能上海引领城市创新发展。一方面,上海率先走向制造业高端发展之路,六个重点行业工业总产值比上年增长9.0%。其中,电子信息产品制造业增长7.6%,汽车制造业增长19.1%。全年战略性新兴产业制造业总产值10 465.92亿元,比上年增长5.7%,增速同比提高4.2个百分点。其中,新能源汽车增长42.6%。另一方面,改革创新引领经济快速发展。中国(上海)自由贸易试验区建设运行良好,100多项制度创新成果在全国复制推广,全年新设企业5.2万家,超过自贸试验区成立前20多年的总和。具有全球影响力的科技创新中心在上海加快落户,全市社会研发经费支出占GDP比重提高到3.8%,C919大型客机、蛟龙号载人潜水器、墨子号量子卫星等重大科技成果相继问世,进一步提升了城市科技创新的含金量,上海规模以上工业增加值增速两年提升了6.6个百分点。

新兴动能带动江苏质效提升。一是新产业实现较快增长。江苏实现高新技术产业产值6.8万亿元,同比增长14.4%,增速比上年加快6.4个百分点;战略性新兴产业增长13.6%,比上年提高3.1个百分点。二是新业态实现蓬勃发展。规模以上服务业中互联网和相关服务业营业收入增长71.3%,快于规模以上服务业平均增速59.2个百分点;限额以上批零业通过公共网络实现商品零售额同比增长49.8%,增速比上年加快4.5个百分点。三是新产品产量快速增长。规模以上工业企业新产品产值同比增长18.9%,比上年大幅回升21.1个百分点。工业机器人、3D打印设备、新能源汽车、服务器同比分别增长99.6%、77.8%、59%、54.2%。

新旧动能协同释放浙江经济活力。一是传统产业优化提升。浙江10大传统制造业利润总额同比增长23.2%,对规模工业利润的增长贡献率为51.5%。其中,非金属矿物制品、化工、化纤、有色金属加工、造纸等行业利润增速均超过30%。二是新产业引领转型。"三新"经济增加值达到1.25万亿元,占GDP比重为24.1%,对生产总值的增长贡献率达37.1%。规模工业中的高技术、高新技术、装备制造、战略性新兴产业增加值增长较快,对规模以上工业增长的贡献率分别为 21.7%、56.9%、55.9% 和 35.7%。三是特色小镇集聚发展动能。特色小镇内共有世界 500 强企业 51 家,国内 500 强企业 83 家,国家级高新技术企业 530 家,科技型中小企业 1 125 家。有高中级职称人员 14 339 人,国家"千人计划"人才 324 人,省级"千人计划"人才 339 人,成为高端企业人才的集聚地。

重点任务落实提升安徽发展后劲。安徽钢铁煤炭行业圆满完成年度去产能任务。全年关闭矿井 4 对,退出煤炭过剩产能 705 万吨/年,化解生铁产能 62 万吨/年、粗钢产能 64 万吨/年。商品房库存、工业企业产成品库存持续下降。12 月末,安徽商品房待售面积同比下降 15.8%;规模以上工业企业产成品存货占流动资产比重下降到 8.5% 左右,工业企业资产负债率下降到 56.8% 左右。规模以上工业企业每百元主营业务收入中的三项费用比上年同期减少 0.2 元左右。

瞄准世界科技前沿领域和顶级水平,长三角城市群正积极建立健全符合科技进步规律的体制机制和政策法规,最大限度地激发创新、创业的动力、活力和能力,打造具有全球影响力的科技创新高地。放眼未来,长三角城市群将定位于面向全球、辐射亚太、引领全国的世界级城市群,也将是中国第一个世界级城市群。通过转型升级,点燃区域经济发展新引擎,通过制度创新,建起改革开放新高地,通过包容共享,创造联动发展新模式。

三、长三角地区未来经济发展规划

(一)创新驱动经济转型升级

实施创新驱动发展战略,营造大众创业万众创新良好生态,立足区域高校科研院所密集、科技人才资源丰富的优势,面向国际国内聚合创新资源,健全协同创新机制,构建协同创新共同体,培育壮大新动能,加快发展新经济,支撑引领经济转型升级,增强经济发展内生动力和活力。

1. 共建内聚外合的开放型创新网络

构建协同创新格局。建设以上海为中心、宁杭合为支点、其他城市为节点的网络化创新体系。强化上海创新思想策源、知识创造、要素集散等功能,加快张江国家自主创新示范区建设,重点提升原始创新和技术服务能力。挖掘苏浙皖创新资源,加快苏南国家自主创新示范区、杭州国家自主创新示范区、合芜蚌自主创新综合试验区建设,集中打造南京、杭州、合肥、宁波等创新节点,重点提升应用研究和科技成果转化能力。

培育壮大创新主体。建立健全企业主导产业技术研发创新的体制机制,促进创新要素向企业集聚。鼓励大型企业发挥创新骨干作用,加快培育科技型中小企业和创新型企业,支持企业整合利用国内外创新资源。深化科研院所改革,推动企业、高校和科研机构加强产学研合作,探索建立具有国际一流水平的创新实验室和创新中心,加快区域科技成果转化。

共建共享创业创新平台。大力推进大众创业万众创新,加快"双创"示范基地建设,完善创业培育服务,打造创业服务与创业投资结合、线上与线下结合的开放式服务载体。积极融入全球创新网络,依托丰富的科教资源,加快推进创新平台建设。打通学科间、院校间、机构间的界限,建设世界级大科学设施集群,打造以基础性和原创性研究为主的协同创新平台。研究建立长三角城市群技术交易中心和专利信息资源库,加强科技资源交流共享。联合组建技术转移服务机构,加快推进国家技术转移东部中心建设,打通高校、科研机构和企业间科技成果转移转化通道,打造主要面向市场和应用的成果转化平台。加强检验检测公共技术服务平台建设。构建军民融合服务创新平台,推动先进技术双向转移转化。

2. 推进创新链产业链深度融合

强化主导产业链关键领域创新。以产业转型升级需求为导向,聚焦电子信息、装备制造、钢铁、石化、汽车、纺织服装等产业集群发展和产业链关键环节创新,改造提升传统产业,大力发展金融、商贸、物流、文化创意等现代服务业,加强科技创新、组织创新和商业模式创新,提升主导产业核心竞争力。如表5-1所示。

表5-1 长三角城市群主导产业关键领域创新方向

电子信息	重点突破软件、集成电路等核心技术,提升核心器件自给率
装备制造	重点突破大型专业设备和加工设备关键技术,提高区域配套协作水平
钢铁制造	重点提升全过程自集成、关键工艺装备自主化及主要工序的整体技术应用能力,提高精品钢材产品生产能力和比重,推进跨地区、跨行业兼并重组
石油化工	重点强化高端产品创新制造,发展精细化工品及有机化工新材料,推广先进适用的清洁生产技术
汽车	重点提升发展内燃机技术,推进先进变速器产业化、关键零部件产业化,推广新能源汽车示范应用,促进新能源汽车技术赶超,控制降低制造成本
纺织服装	重点发展高端化、功能化、差别化纤维等高新技术产品,积极嫁接创意设计、电子商务和个性定制模式,推动时尚化、品牌化发展
现代金融	重点加快业态、产品和模式创新,积极拓展航运金融、消费金融、低碳金融、科技金融、融资租赁等领域,推动互联网金融等新业态发展
现代物流	重点加强物联网、大数据、云计算等信息技术应用和供应链管理创新,发展第三方物流、"无车(船)承运人"、共同配送等新型业态
商贸	重点推动商贸线上线下相结合,推动跨境电子商务等新型商贸业态和经营模式发展
文化创意	重点发展文化创意设计、数字内容和特色产业的文化创意服务,积极开发文化遗产保护技术和传承、体验、传播模式等,推进文化与网络、科技、金融等融合发展

依托优势创新链培育新兴产业。积极利用创新资源和创新成果培育发展新兴产业,加强个性服务、增值内容、解决方案等商业模式创新,积极稳妥地发展互联网金融、跨境电子商务、供应链物流等新业态,推动创新优势加快转化为产业优势和竞争优势。如表5-2所示。

表 5-2　长三角城市群基于创新链的新兴产业发展方向

新一代信息技术	发挥光电子器件、量子通信研发等创新优势,发展半导体、新型显示、光通信等新一代信息技术产业;依托语音合成与识别方面的创新优势,发展智能语音产业
生物产业	依托基因芯片、抗体药物、新型诊断、粒子治疗等生物技术优势和产业基础,以及蛋白质科学设施等科研条件,发展生物医药及医疗器械产业
高端装备制造	利用城轨牵引与辅助电源系统、超深水海洋钻探储油平台、机器人、高端数控机床等领先技术,发展高端装备制造业
新材料	发挥碳纤维、石墨烯、纳米材料等领域的技术优势,发展新材料产业
北斗产业	推动北斗系统在通信、消费电子等领域开展应用示范,打造北斗产业链
光伏产业	发挥多晶硅、硅片、电池等光伏产业基础优势,探索光伏产业应用新模式,做优做强光伏产业

3. 营造创新驱动发展良好生态

优化专业服务体系。鼓励共建创新服务联盟,培育协同创新服务机构,强化技术扩散、成果转化、科技评估和检测认证等专业化服务。发展"孵化+创投"模式,建设创客空间,集成提供创业辅导、市场开拓、融资担保等链式孵化服务。在充分利用现有科技资源、统筹考虑现有科研布局的基础上,支持科研院所、科技中介按程序设立异地分支机构,提供专利挖掘、申请、维护和管理等服务。加强中小企业公共服务平台网络建设,增加知识产权、教育培训、投融资等一站式服务。有条件的地方继续探索通过创新券、创业券等新模式,加强对创新企业在人才培训、管理咨询、检验检测、质量品牌等方面的公共服务。

健全协同创新机制。加强区域创新资源整合,集合优质资源与优势平台,加快形成科教资源共建共享的机制,推进人才联合培养和科技协同攻关。优化区域创新组织方式,设立长三角城市群协同创新中心,深化区域创新研发、集成应用、成果转化协作。深入实施知识产权战略行动计划,完善统一的知识产权价值评估机制,健全长三角城市群知识产权审判体系。鼓励社会资本投资知识产权运营领域,创新知识产权投融资产品,探索知识产权证券化,完善知识产权信用担保机制。充分利用国家科技成果转化引导基金,通过股权投入、风险补偿等形式,支持科技研发与成果转化。

营造有利于创新人才脱颖而出的环境。实施更加积极的人才政策,加强区域联动,加大引进具有世界水平的科学家、科技领军人才、工程师和高水平创新团队力度。探索构建创新型人才培养模式,积极培养高技能人才、职业经理人和中层管理人员。完善人才激励机制,健全科研人才双向流动机制,充分激发人才活力。

(二) 深度融入全球经济体系

放眼全球,接轨世界,深化开放,全面提升国际化水平和全球资源配置能力。

1. 提升对外开放层次

提高利用外资质量和水平。积极有效地引进境外资金、先进技术和管理运营模式,鼓励外资更多投向先进制造、高新技术、节能环保和现代服务业。鼓励外资通过并购等方式参与产业链整合,参与公共基础设施等领域建设。鼓励和支持外资机构将总部、研发中心、运营中心设在长三角地区。

有序扩大服务业对外开放。扩大银行、保险、证券、养老等市场准入,引导外资更多地投向服务业领域。鼓励外资企业设立生产性服务业企业,以及各类功能性、区域性总部和分支机构等。发挥中国(上海)自由贸易试验区在服务业领域先行先试的作用。推进江苏昆山与台湾地区的服务业合作试点。

营造国际化营商环境。完善法治化、国际化、便利化营商环境,率先建立同国际贸易投资规则相适应的体制机制。积极探索实行准入前国民待遇加负面清单管理模式,促进内外资企业公平竞争。建立便利跨境电子商务等新型贸易方式的体制,健全服务贸易促进体系。推进大通关建设,加快建设单一窗口,全面推进通关一体化。加强技术性贸易壁垒的预警、研判和应对,不断完善技术性贸易措施体系,有效破解贸易壁垒和化解贸易摩擦。加快建立社会信用体系,健全市场主体的信用信息数据库和信用信息共享机制,充分发挥企业信用信息公示系统等信用信息平台的作用。

2. 建设高标准开放平台

加快各类海关特殊监管区域整合优化和开放平台创新升级。从类型、功能、政策和管理四方面推进海关特殊监管区域整合,逐步将各类海关特殊监管区域整合为综合保税区。促进海关特殊监管区域发展保税加工、保税物流和保税服务等多元化业务。规范完善海关特殊监管区域税收政策,促进区域内企业参与国际市场竞争。优化结转监管,提升管理效能,促进区域内外生产加工、物流和相关服务业的深度融合,打造高水平对外开放平台。加快建设一批新的双边多边开放合作平台,加快金砖国家新开发银行及亚太示范电子口岸网络运营中心建设,高起点推进中德合作(安徽)智慧产业园、中澳现代产业园(舟山)、中意宁波生态园等工业园建设。

推进自由贸易试验区建设并加快推广可复制经验。瞄准国际标杆,深化自由贸易试验区改革开放,加快政府职能转变,探索体制机制创新,在建立以负面清单为核心的外商投资管理制度、以贸易便利化为重点的贸易监管制度、以资本项目可兑换和金融服务业开放为目标的金融创新制度、以政府职能转变为核心的事中事后监管制度等方面,不断探索形成可复制、可推广的试点经验,率先在长三角城市群实现全覆盖。

探索建立自由贸易港区。依托舟山港综合保税区和舟山江海联运服务中心建设,探索建立舟山自由贸易港区,率先建立与国际自由贸易港区接轨的通行制度。

3. 加速集聚国际化人才

大力引进国际英才。建立紧缺国际人才清单和移民职业清单制度,重点招揽最有价值的科技、投资、营销、创意等方面人才。建立海外高层次人才储备库和留学回国人员数据库,定期发布紧缺人才需求报告,拓宽国际人才招揽渠道。在制定外籍高层次人才认定标准基础上,全面放开科技创新创业人才、一线科研骨干、紧缺急需专业人才的永久居留政策,放宽其他国际人才长期居留许可的申请条件。放宽紧缺领域国际移民的准入限制,在上海率先探索放宽特殊人才国籍管理。完善外籍人员就医和子女教育政策,塑造开放包容、多元融合的社会氛围。

加快推进国际化人才培育。充分利用国际国内优质教育资源,采取合作办学、国(境)外培训、岗位实践等方式,加快培养具有国际视野、通晓国际规则和拥有跨文化交流与沟通能力的本土国际化人才。建立和完善市场导向的国际化人才培养模式,支持企业成为国际化人才开发的主体。鼓励与促进人才国际交流合作,推进职业资格国际互认制度。

深化人文交流。在科教文卫、旅游体育等领域广泛开展人文交流合作,支持中外合作办学,推进"中以常州创新园"等建设。构建官民并举、多方参与的人文交流机制,鼓励丰富多样的民间文化交往,提升区域和国家软实力。

4. 培育本土跨国公司

培育壮大跨国经营市场主体。支持有条件的企业通过直接投资、收购参股等方式,在境外建设技术研发中心、品牌营销网络等,培育形成一批规模大、效益好、竞争力和带动力强的本土跨国公司,深度融入全球产业链、价值链、物流链,加快培育国际竞争新优势。促进外贸稳定发展和转型升级,引导劳动密集型企业和加工贸易向中西部和东北地区梯度转移。

健全企业境外投资服务保障体系。健全企业"走出去"政策咨询、风险评估、信息和融资服务等中介服务体系,研究建立企业境外投资"一站式"综合服务平台。建立健全境外投资风险防范机制,鼓励对外投资企业在境内投保出口信用保险、劳务保险等避险工具。健全境外融资担保机制与外汇管理制度,拓宽企业融资渠道。完善境外法律支援体系,健全知识产权境外维权和应对机制。简化境外设立企业和投资项目核准手续,简化境外投资企业人员出国(境)审批手续。研究将上海金融市场交易系统功能拓展至"一带一路"沿线国家(地区),推动人民币跨境结算,促进相关交易以人民币计价。

第二节 发达地区小微金融生态特征分析

本课题组充分调查了全国各省市金融机构和从业人员情况,总结分析了发达地区整体金融发展水平。同时,长三角改革发展研究课题"小微金融创新发展研究"人员对长三角江浙皖三省130家不同性质的商业银行的问卷调查,也为我们分析长三角地区小微金融现状提供了大量的数据支持和研究思路。

一、发达地区整体金融发展水平

(一) 2017年全国金融业基本数据统计

2017年年末,我国广义货币供应量余额167.7万亿元,比上年末增长8.2%;狭义货币供应量余额54.4万亿元,增长11.8%;流通中货币余额7.1万亿元,增长3.4%。

全年社会融资规模增量19.4万亿元,按可比口径计算比上年多1.6万亿元;年末社会融资规模存量174.6万亿元,比上年末增长12.0%。年末全部金融机构本外币各项存款余额 169.3 万亿元,比年初增加 13.7 万亿元,其中人民币各项存款余额 164.1 万亿元,增加 13.5 万亿元。全部金融机构本外币各项贷款余额 125.6 万亿元,增加 13.6 万亿元,其中人民币各项贷款余额 120.1 万亿元,增加 13.5 万亿元。

表 5-3 2017 年年末全部金融机构本外币存贷款余额及其增长速度

指标	年末数(亿元)	比上年末增长(%)
各项存款	1 692 727	8.8
其中:境内住户存款	651 983	7.5
其中:人民币	643 768	7.7
境内非金融企业存款	571 641	7.7
各项贷款	1 256 074	12.1
其中:境内短期贷款	411 153	8.2
境内中长期贷款	750 894	18.2

年末主要农村金融机构(农村信用社、农村合作银行、农村商业银行)人民币贷款余额 149 820 亿元,比年初增加 15 602 亿元。全部金融机构人民币消费贷款余额 315 194 亿元,增加 64 717 亿元。其中,个人短期消费贷款余额 68 041 亿元,增加 18 724 亿元;个人中长期消费贷款余额 247 154 亿元,增加 45 993 亿元。

全年上市公司通过境内市场累计筹资 40 836 亿元,比上年减少 12 244 亿元。其中,首次公开发行 A 股完成申购 419 只,筹资 2 186 亿元;A 股现金再融资(包括公开增发、定向增发、配股、优先股)9 209 亿元,减少 4 178 亿元;上市公司通过沪深交易所发行债券(包括公司债、可转债、可交换债和企业资产支持证券)筹资 28 105 亿元,减少 8 563 亿元。全年全国中小企业股份转让系统新增挂牌公司 2 176 家,筹资 1 336 亿元,减少 3.95%。全年发行公司信用类债券 5.64 万亿元,比上年减少 2.59 万亿元。

全年保险公司原保险保费收入 36 581 亿元,比上年增长 18.2%。其中,寿险业务原保险保费收入 21 456 亿元,健康险和意外伤害险业务原保险保费收入 5 291 亿元,财产险业务原保险保费收入 9 835 亿元。支付各类赔款及给付 11 181 亿元。其中,寿险业务给付 4 575 亿元,健康险和意外伤害险赔款及给付 1 518 亿元,财产险业务赔款 5 087 亿元。

(二) 长三角地区金融业基本数据统计

1. 上海市

2017年全年实现金融业增加值5 330.54亿元,比上年增长11.8%。至年末,全市各类金融单位达到1 491家。其中,货币金融服务单位623家,资本市场服务单位403家,保险业单位389家。至年末,全市各类金融单位中,在沪经营性外资金融单位达到251家。至年末,全市中外资金融机构本外币各项存款余额112 461.74亿元,比年初增加1 950.76亿元;贷款余额67 182.01亿元,比年初增加7 199.76亿元。

全年金融市场交易总额达到1 428.44万亿元,比上年增长5.3%。上海证券交易所总成交金额306.39万亿元,增长7.9%。其中,债券成交额247.34万亿元,增长10.1%;股票成交金额51.12万亿元,增长1.9%。全年通过上海证券市场股票筹资7 578.06亿元,比上年减少5.9%;发行公司债14 937.99亿元,减少41.5%。至年末,上海证券市场上市证券12 219只,比上年末增加2 572只。其中,股票1 440只,增加214只。

全年上海期货交易所总成交金额89.93万亿元,增长5.8%。中国金融期货交易所总成交金额24.59万亿元,增长35.0%。银行间市场总成交金额997.77万亿元,增长3.9%。上海黄金交易所总成交金额9.76万亿元,增长11.9%。

全年保险公司原保险保费收入1 587.10亿元,比上年增长3.8%。其中,财产险公司原保险保费收入482.67亿元,增长17.5%;人身险公司原保险保费收入1 104.43亿元,下降1.3%。全年保险赔付支出548.93亿元,增长3.8%。其中,财产险赔款支出233.81亿元,增长5.1%;寿险给付237.08亿元,减少3.6%;健康险赔款给付62.86亿元,增长25.8%;意外险赔款支出15.17亿元,增长45.8%。

2. 江苏省

2017年年末全省金融机构人民币存款余额129 942.9亿元,比年初增加8 836.3亿元。其中,住户存款比年初增加2 183.9亿元,非金融企业存款比年初增加1 953.7亿元。年末金融机构人民币贷款余额102 113.3亿元,比年初增加11 005.7亿元。其中,中长期贷款比年初增加10 230.9亿元,短期贷款比年初增加2 265.3亿元。

证券交易市场保持稳定。年末全省境内上市公司382家,省内上市公司通过首发、配股、增发、可转债、公司债在上海、深圳证券交易所筹集资金2 115.8亿元。江苏企业境内上市公司总股本3 258.1亿股,比上年增长14.8%;市价总值40 676亿元,比上年增长9.4%。年末全省共有证券公司6家,证券营业部887家;期货公司9家,期货营业部157家;证券投资咨询机构3家。全年证券市场完成交易额30万亿元。分类型看,证券经营机构股票交易额17.3万亿元,比上年下降12.1%;期货经营机构代理交易额12.7万亿元,下降14.9%。

保险行业快速发展。全年保费收入3 449.5亿元,比上年增长28.2%。分类型看,财产险收入814亿元,增长11.0%;寿险收入2 211.3亿元,增长46.7%;健康险和意外伤害险收入424.2亿元,下降5.7%。全年赔付额983.6亿元,比上年增长7.5%。其中,财产险赔付455.6亿元,增长4.1%;寿险赔付433.2亿元,增长7.2%;健康险和意外伤害险赔付94.8亿元,增长29.0%。

3. 浙江省

2017年年末全部金融机构本外币各项存款余额107 321亿元,比上年年末增长7.8%,其中人民币存款余额增长7.8%。年末住户本外币存款余额40 804亿元,增长5.3%。全部金融机构本外币各项贷款余额90 233亿元,增长10.3%,其中人民币贷款余额增长10.9%。年末主要农村金融机构(农村信用社、农村合作银行、农村商业银行)人民币贷款余额12 124亿元,比年初增加1 143亿元。

年末境内上市公司415家,累计融资9 077亿元。其中,中小板上市公司138家,占全国中小板上市公司的15.3%;创业板上市公司80家,占全国创业板上市公司的11.3%。

全年保险业实现保费收入2 147亿元,比上年增长20.3%。其中,财产险保费收入761亿元,增长9.2%;人身险保费收入1 386亿元,增长27.4%。支付各类赔款及给付653亿元,增长3.2%。其中,财产险赔付支出431亿元,人身险赔付支出223亿元。

4. 安徽省

2017年年末全省金融机构人民币各项存款余额45 608.9亿元,比上年年末增加4 752.7亿元,增长11.6%。其中,非金融企业存款余额14 202.2亿元,增长9.9%;住户存款余额20 538.2亿元,增长8.9%。年末金融机构人民币各项贷款余额34 481.2亿元,比上年年末增加4 300.5亿元,增长14.3%。其中,境内短期贷款9 913.5亿元,增长8.2%;境内中长期贷款22 431.7亿元,增长21.5%,中长期贷款中住户贷款10 356亿元,增长24.3%。

全年上市公司通过境内市场累计筹资539.6亿元,比上年减少496.2亿元。其中,首次公开发行A股9只,筹资50亿元;A股再筹资(包括配股、公开增发、非公开增发、认股权证)422.4亿元;上市公司通过发行可转债、可分离债、公司债筹资67.2亿元。到2017年年末,全省有上市公司102家,上市公司市价总值13 504.2亿元,比上年增长27.5%。全年企业发行短期融资券581.9亿元。全年全省境内证券经营机构证券代理成交额50 305.7亿元,期货经营机构代理交易量153 100亿元。

全年保险业原保险保费收入1 107.2亿元,比上年增长26.4%。其中,财产险业务原保险保费收入366.3亿元,增长17.1%;人身险业务原保险保费收入740.9亿元,增长31.5%。赔款和给付397.7亿元,增长11.2%。其中,财产险业务赔款支出187亿元,增长6.8%;人身险业务赔款和支出210.7亿元,增长15.5%。

(三)长三角地区金融机构数据统计

长三角作为全国地域范围最大、经济发展水平最高的地区,金融机构各项数据统计均领跑全国。

截至2017年年末,全国金融机构网点总数225 236家,其中长三角地区39 450家,占全国总数的17.51%;全国金融机构从业人员总数3 936 104人,其中长三角地区744 461人,占全国总数的18.91%;全国金融机构资产总额2 141 001亿元人民币,其中长三角地区514 658亿元人民币,占全国总数的24.04%。

值得一提的是,同样截至2017年年末,全国小型农村金融机构网点总数76 518家,其中长三角地区11 019家,占全国总数的14.40%;全国小型农村金融机构从业人员总数905 786人,其中长三角地区141 188人,占全国总数的15.59%;全国小型农村金融机构资产总额302 616亿元人民币,其中长三角地区68 989亿元人民币,占全国总数的22.80%。此外,截至2017年年末,全国新型农村金融机构网点总数5 901家,其中长三角地区1 549家,占全国总数的26.25%;全国新型农村金融机构从业人员总数158 161人,其中长三角地区22 552人,占全国总数的14.26%;全国新型农村金融机构资产总额 13 996 亿元人民币,其中长三角地区 2 781 亿元人民币,占全国总数的 19.87%。

从以上统计数据来分析,长三角地区的金融机构无论是网点数量、从业人员人数还是资产总额,均领先于全国其他地区;然而从长三角地区内部来看,以村镇银行为代表的新型农村金融机构被其他同地区大中型金融机构严重挤占生存空间,从全国数据的比例上来看,新型农村金融机构以更多的营业网点和从业人员,控制着更少的资产总额,而不像其他金融机构,以更少的营业网点和从业人员,控制着更多的资产总额。

二、长三角小微金融供给现状分析

(一) 样本银行放贷现状

在长三角改革发展研究课题"小微金融创新发展研究"被调查的 130 家银行中,小微企业贷款占比 0%~20% 的银行占总数的 42.86%;小微企业贷款占比 20%~40% 的银行占总数的 31.75%;小微企业贷款占比 40%~60% 的银行占总数的 23.81%;小微企业贷款占比 60%~80% 和 80% 以上的仅为总数的 1.58%。

1. 银行小微信贷审批

从调查来看,虽然企业融资需求旺盛,但实际上信贷审核是企业能否融资成功的一个门槛,很多企业由于无法通过审批而无法向银行借款。调研数据显示,三省绝大部分银行小微企业贷款均需经过一般信贷员、本行信贷部门、本行分管行长、上级行相关信贷部门和上级行分管行长的审批层级。在调查的三省银行中有 87 家银行需要经过一般信贷员的审批,有 96 家银行需要通过本行信贷部门的审批,有 100 家银行需要通过本行分管行长的审批,有 61 家银行需要通过上级行相关信贷部门审批,有 36 家银行需经过上级行分管行长的审批,有 61 家银行需通过总行相关信贷部门的审批,有 43 家银行需通过总行分管行长的审批。

2. 贷款利率

在企业问卷调查中发现许多小微企业不愿向银行贷款的原因除了银行贷款程序复杂外,还有一个重要的原因就是银行贷款利率高,使部分企业难以承担相应成本。通过对三省银行小微企业利率上浮区间进行统计发现,大部分银行利率上浮区间为 20%~40%,占比 90.08%;其次为 0%~20%,占比

29.75%;贷款利率上浮区间为40%~50%的占比4.05%,为50%~70%的占比10.74%,70%以上的占比14.88%。

(二)样本银行小微金融组织机构与互联网平台设置

1. 小微信贷机构设置

调查中发现,三省130家样本银行中,85家银行专设小微企业信贷业务管理部门或小企业金融服务专营机构,占比65.38%,分别是江苏40家、浙江34家和安徽11家。但仍有43家银行没有此类机构。92家银行对小微企业贷款有独立于大型企业信贷的审批机制,占比70.77%,其中江苏有47家,占比90.38%,情况最好。79家银行对小微企业的贷款有独立于大型企业信用评级的标准,占比60.77%,其中江苏41家,占比78.85%,在三省中比重最大。而只有24家银行开发专门针对在第三方电子商务平台上经营的企业信用评级体系,占比只有18.46%。

2. 小微信贷业务网络信息收集

在银行同意向企业贷款前,银行会对申请企业进行审批,审批的严格程序会在一定程度上影响企业资金的到位率。而随着网络技术的发展,许多银行通过开通网络服务渠道来减少客户的时间成本等,也利用网络的便捷更有效地为客户服务。调研数据列出了银行进行信贷业务信息收集的网络技术运用情况,结果显示三省有52家银行已经开通了小微企业网上融资申请和审批渠道,占比40%,其中江苏有27家,占比51.92%,在三省中比重最大。有102家银行表示信贷员收集的小微企业信息可以通过网络传输给信贷审批部门,占比78.46%,其中江苏有49家,占比94.23%,三省中比重最大。同时有114家银行表示人民银行的征信系统使该银行向小微企业贷款时更加便利,占比87.69%,其中江苏有49家,占比94.23%,三省中比重最大。说明大部分银行内部在处理小微企业贷款方面利用网络资源程度较高,能充分发挥网络的技术优势,不仅便利企业,提高了银行的工作效率,也能了解到企业信息,保证放贷的准确性。

3. 小微信贷业务互联网平台

在三省调查中发现,130家银行中,只有51家已经开展小微企业互联网服务,占比39.23%,不到一半,江苏和浙江各23家,安徽5家。目前尚未开展,但计划与电商或互联网公司合作开展互联网金融服务的有31家银行,其中江苏12家、浙江18家、安徽1家。目前尚未开展,但计划独立开展互联网金融服务的有19家,江苏8家、浙江7家、安徽4家。对互联网金融的前景不清楚,短时间内不会涉足的有29家,江苏8家、浙江16家、安徽5家。

(三)样本银行小微金融产品现状

1. 样本银行对业务的评价

小微企业目前发展迅速,而银行想更加了解小微企业资金状况等,就需要对小微企业的市场前景有所了解,以便更加精确地对小微企业进行定位。在三省130家银行中有71家商业银行认为小微企业的市场前景较好,占比54.62%,分别是江苏14家、浙江44家、安徽13家;有81家银行认为小微企业的市场较大,占比62.31%,分别是江苏24家、浙江46家、安徽11家,说明目前小微企业市场发展较好,使银行对其有信心投资。

2. 促使银行开展小微贷款的主要原因

在三省调查当中有47家银行认为开展小微贷款的主要原因是小微企业有比较优势,占调查银行的36.15%。有19家银行认为小微企业的定价较高,所以收益较高,占比14.62%。只有7家银行选择更愿意为大中型企业客户服务。23家银行选择为小微企业提供信贷的理由是响应国家和管理层的要求,尤其是国有四大行,因为国有银行制度规范、程序严谨,严格按照国家规定来开展业务。16家银行选择小企业业务是认为可以产生更多的交叉销售机会。这些都促使银行开展小微贷款。

3. 样本银行金融产品使用情况

三省绝大多数银行都提供一些传统业务,例如存款、支付结算和汇兑、抵押融资、担保融资、金融票据质押融资等业务,所有银行均开通了存款、支付结算和汇兑业务、代理业务;90%以上的银行均开通了投资理财业务、外汇交易和国际贸易融资业务;70%以上的银行开通了信用融资、抵押融资、担保融资、金融票据质押融资、国内保理、小额透支、小企业保函业务并提供财务管理服务;60%以上的银行开通了动产质押融资、融资租赁贷款、应收账款质押融资、订单质押融资、商铺经营权质押融资、股权质押融资、收费权质押融资、保单质押融资、保证保险贷款、联保贷款/互保贷款、商业圈融资业务,以及为第三方电子交易平台/信息服务平台企业提供融资、保险服务和咨询服务;另有30%以上(低于50%)的银行开通了出口退税账户托管贷款、通过银行网站为企业发布产品供求信息、通过银行网站获得第三方服务和小微企业集合债业务;而设立P2P网上融资平台的则只有20%不到。这些传统产品能满足客户需求,但针对小微企业融资需求而创新的产品,如通过银行网站为企业发布产品供求信息、设立P2P网上融资平台、通过银行网站获得第三方服务等金融产品只有少数几家银行提供。银行供给不足,大多数银行并没有特别为小微企业开设特殊的融资产品,使小微企业不能选择适合自己的融资产品。

三、长三角小微金融主要问题分析

近年来随着国家加大对小微企业融资的支持力度,特别是近两年银监会出台了一系列促进商业银行改进对小微企业金融服务的差异化监管政策,促进了商业银行加大对小微企业的信贷支持,在一定程度上缓解了小微企业的融资困难,但是仍存在一些需要完善的方面。

其一,大部分银行设立了针对小微企业的独立组织机构,但是效率存在差异。国有商业银行基层行独立的小微企业业务窗口的缺乏和审批权限的高度集中使得其小微企业业务审批时间相对较长。大部分农村商业银行已设立了独立的小微企业业务部门,但在独立的小微企业网上业务平台和评级体系方面的拥有率要低于国有商业银行和股份制商业银行。城市商业银行的地级市分行已设立了独立的小微企业业务部门,该比率要高于其他商业银行,但在独立的小微企业评级体系方面的拥有率要低于国有商业银行和股份制商业银行。不同区域和性质的商业银行小微企业业务效率存在差异。

其二,贷款申请审批通过率较高,但是存在着额外成本。总体来看,小微企业融资申请的审批通过率有所提高,调研中银行也提到,只要企业达到其放贷的要求,银行就愿意发放贷款。但是,小微企业在向商业银行申请贷款过程中普遍存在着捆绑销售现象。此外,调研中有企业还提到向银行申请贷款时获得的只是承兑汇票,企业要获得资金还要支付承兑利息。这些捆绑销售等行为无疑加大了企业的融资成本。

其三,不同性质商业银行针对小微企业的信用评级标准不统一。不同类型商业银行对小微企业的信用评级标准并不统一,即使同为国有商业银行,其信用评级体系也存在着差异。商业银行对小微企业信用评级标准的差异,一方面使得小微企业在某一银行获得的评定等级不能适用于其他银行,降低了金融资源的使用效率;另一方面,由于各商业银行没有统一的信用评级体系,使得银行要发展信用贷款很困难,企业要获得信用融资也很困难,发放贷款时过多地依赖抵押或担保。

其四，金融产品种类丰富，但是部分产品拥有率高于使用率。目前商业银行针对小微企业的金融产品较为丰富，并针对小微企业的融资需求进行了产品创新，特别是在小微企业金融产品创新方面表现活跃，但是根据调研发现，银行实际提供的金融产品相对较少。原因有两点：第一，考核指标存在缺陷。监管部门考核银行金融产品状况的指标为拥有率而非使用率。然而拥有率不能充分反映客户对金融产品的使用状况。银行为了应付上级监管部门对金融产品创新的要求，也出于丰富自身产品种类吸引更多客户的需求，设计并推出较多具有吸引力的金融产品，却没有真正在金融业务中运用，或者将门槛设置得非常高，使得绝大多数小微企业无法满足使用条件。第二，缺乏相应的配套体系。有些金融产品的提供需要相配套的其他评估体系，而配套体系的缺乏使得银行不愿提供相应金融产品。如信用融资产品主要依据对企业的信用评级进行授信，而有些银行缺乏专门针对小微企业的信用评级体系，有些银行虽然有信用评级体系，但不同银行的评级标准存在差异，缺乏一致的信用评级体系，使得商业银行在开展信用融资业务时缺乏统一的评价标准。如在无形资产质押融资方面，相关的金融服务体系尚不健全。目前，尚没有权威、专业的评估机构对无形资产的价值进行评估，大部分银行非常谨慎，不愿涉足；在无形资产的保值变现方面缺乏专业的交易市场，且交易信息大多比较闭塞，不够公开透明。

其五，商业银行关于小微企业的统计口径不统一。虽然 2011 年工信部等四部委联合制定了新的《小微企业划型标准规定》，但很多商业银行并没有完全按新的标准进行统计。此外，银监会界定的"小微"企业贷款余额等于小企业贷款余额与个人经营性贷款余额之和，而各行在"小微"企业的统计口径上也不一致。工商银行的统计口径与银监会要求一致，而农业银行并没有把个人经营性贷款纳入小微企业的统计中。商业银行关于小微企业统计口径不统一的原因，是因为新的《小微企业划型标准规定》在 2011 年 6 月出台后，从规定出台到实际实施存在一定的时滞，各行在执行时又有很强的行为黏性，很难做到口径统一。但是各商业银行关于小微企业的统计口径的不统一使得各商业银行小微企业贷款数据的可比性受到影响，也使监管部门难以准确掌握银行小微企业金融服务的状况。因此，有必要统一小微企业金融服务的统计口径，将个人贷款用于企业经营的部分纳入"小微企业贷款"统计口径。

第三节 其他外部环境特征分析

一、政治法律环境

村镇银行作为金融市场的新型机构,其发展受到国家政治法律制度的影响。具体来看,对发达地区村镇银行发展战略产生直接影响的相关政治法律因素包括金融行业准入政策、金融行业管理政策等。

(一)金融市场行业准入政策

我国农村村镇银行的产生和发展与我国金融市场的特征密不可分。实际上,村镇银行得以产生,在很大程度上源于农村金融市场产品供给缺乏的困境。在此情形下,国家相关管理部门对于金融市场尤其是农村金融市场各项准入制度的规定,都直接影响着村镇银行的发展。

从具体政策规定情况来看,前些年我国农村金融市场的准入政策对于村镇银行实行的是鼓励、支持、引导的态度,这一政策基调在很长时期内推动着村镇银行的发展。中国银监会于2006年首次出台《关于调整放宽农村地区银行业金融机构市场准入政策 更好支持社会主义新农村建设的若干意见》(以下简称《意见》),其主要意图是在考虑当时农村地区金融市场发展不完善的情况下,适当调整和改革当时农村金融市场准入门槛。这一政策的出台,极大地推动了我国村镇银行的产生与发展,同时该《意见》还在以往城市金融市场规定的基础上,适度放宽了准入条件与限制,使得先天不足的村镇银行得以在不同的地区迅速发展。

(二)金融行业管理政策

村镇银行的发展同样离不开金融行业管理政策,诸多管理政策将直接对村镇银行的发展模式、发展战略、运营结构等产生影响。

在《意见》出台之后,政府管理部门为了有效引导村镇银行发展,2007年1月中国银监会颁布并实行《村镇银行管理暂行规定》(以下简称《规定》)。《规定》进一步对村镇银行的准入条件进行具体限制,对于注册资金、机构构成、产权结构等问题进行准确规定。从其内容来看,《规定》的实施,更多地体现了政府机构对于村镇银行的扶持。例如,从注册资本来看,在县(市)、乡

（镇）设立的村镇银行，其最低注册资金分别是 300 万和 500 万元人民币，要远远低于城市商业银行的 1 亿元人民币和农村商业银行的 5 000 万元人民币。

2011 年，银监会又制定了《关于调整村镇银行组建核准有关事项的通知》（以下简称《通知》），此举标志着管理部门对于村镇银行发展整体布局的直接引导。《通知》对我国村镇银行在未来一段时期的发展，包括数量与质量的问题、地域分布格局的问题、与其他金融机构协调的问题、未来发展中心问题等，进行了具体的规定和指导。同年，银监会又印发了《商业银行村镇银行子银行管理暂行办法》，对村镇银行现有运营模式进行适度引导和调整，同时提出"村镇银行子银行"的经营模式。

此外，管理机构还出台诸多具体管理政策，对村镇银行运营和发展的具体环节进行规范和指导。比如 2007 年银监会印发《村镇银行组建审批工作指引》，具体针对村镇银行在筹建、报批等方面的内容进行规定。又比如 2009 年出台的《小额贷款公司改制设立村镇银行暂行规定》，对于小额贷款公司在成立村镇银行过程中的诸多细节问题进行规定，为其发展提供了指导。

二、科学技术环境

科学技术环境变化也对村镇银行产品服务的供给模式和效率产生了重大影响。目前，在日益发展的信息技术环境下，银行与客户之间的资金流和信息流较之传统模式发生了巨大改变，使得金融市场的需求和供给方式发生了巨大改变。

一方面，从银行市场需求情况来看，在互联网信息环境下，银行各项服务的消费者对于网上银行、移动支付、手机银行等新兴金融平台和技术接受广泛，其对银行业务、产品信息的获取渠道也较之以往发生了改变。在此背景下，银行消费者服务需求开始多样化，这就要求村镇银行必须在现有产品服务供给基础上，加强对于电子信息技术、互联网金融平台的开发和应用。

另一方面，从银行产品供给方面来看，由于大量信息科技和平台的产生，使得银行从过去单纯经营存贷款的机构转变为集信息服务、资金服务于一体的金融服务机构。具体来看，在对公结算、通存通兑、电子汇兑系统、大小额支付系统、电子银行、外汇结算等新工具方面取得了巨大进步，先进的结算工具和丰富的营业渠道极大地方便了客户,也加速了银行的资金流动。

三、人文社会环境

人文社会环境的变化往往通过影响村镇银行的客户对象来影响村镇银行的发展。由于农户、小微企业的消费理财观念发生了改变,从而要求村镇银行的产品服务供给相应改变和发展,以满足客户需求。

一方面,近年来随着我国社会经济的发展,尤其是逐步进入中等发达国家水平的沿海地区,消费者的消费观念、消费习惯、消费模式等发生了巨大变化,由此导致金融市场中的产品供给发生了变化。具体来说,随着住房、汽车等消费热点的出现,要求金融机构提供相应信贷产品满足其需求。同时,居民理财观念的变化,同样要求金融机构提供多样化的财经资讯和配套服务。

另一方面,客户对象特征的变化也影响着银行等金融机构。随着社会整体信贷观念的改变,消费者对于信用卡等超前消费业务的需求大幅增长,而随之而来的则是银行面对的信用卡客户群体参差不齐的困扰,因此需要金融机构在客户识别、追踪管理等方面进行有效完善。另外,随着社会征信体系的不断完善,银行的客户调查有了更多信息和依据,那么同样要求银行信用管理部门根据相应政策做出调整,适当修改完善自身的信用管理模式与方法。

第六章

发达地区村镇银行发展的战略定位与目标选择

农村金融供给问题一直是理论界和实务界关注的焦点。在二元社会体制背景下,我国金融产品供给呈现出"重城市、轻农村"特征,无论是金融机构数量和覆盖率,还是金融产品类型与数量,农村地区均远远落后于城市,由此成为解决"三农"问题的瓶颈。为了有效缓解农村金融需求难题,我国政府采取了诸多措施,其中包括发展农村村镇银行。自2006年中国银监会发布《意见》以来,村镇银行在我国农村得到迅速发展。值得注意的是,由于发展时间短、管理制度不完善,村镇银行在其发展过程中仍然存在诸多不足。上一章对发达地区村镇银行的外部发展环境进行了探讨,本章将对发达地区村镇银行的发展战略进行研究,探讨村镇银行目标市场细分与选择,确定具体发展定位与发展策略等,以便推动村镇银行有序健康地发展。

第一节 发达地区村镇银行的 SWOT 分析

村镇银行应选择什么样的发展战略,这取决于村镇银行所处的内外部金融环境。战略管理中的 SWOT 分析法可用来对村镇银行内外环境进行分析,SWOT 代表优势(strength)、劣势(weakness)、机遇(opportunity)和威胁(threat)。

一、发达地区村镇银行发展优势分析(strength)

(一) 发达地区村镇银行制度设计合理

中国银行业监督管理委员会于2006年出台的《意见》要求:(1)村镇银行最大股东或唯一股东必须是银行业金融机构;(2)最大银行业金融机构股东持股比例不得低于村镇银行股本总额的20%;(3)单个自然人股东及关联方持股比例不得超过村镇银行股本总额的10%;(4)单一非银行金融机构或单一非金融机构企业法人及其关联方持股比例不得超过村镇银行股本总额的10%;(5)任何单位或个人持有村镇银行股本总额5%以上的,应当事先报银监局或所在城市银监局审批。

在这个大背景下,发达地区村镇银行的投资来源比较丰富,它可以有法人投资与自然人投资、国有资本与民营资本投资等投资模式。经营资本的多元化能够保证村镇银行内部的治理结构合理,增加经营活力。在发起银行的性质上,既有商业银行,也有政策性银行;既有大型银行,也有中小型银行;既有中资银行,也有外资银行。村镇银行的设立起点高于农村信用社、小额贷款机构等。

另外,村镇银行的制度设计既保证了村镇银行股东的相对集中,又保持了一定的分散比例,同时还具有很强的专业性,使得村镇银行可以源源不断地获得来自大股东金融机构的各方面技术支持。村镇银行既可以吸收存款,又可以发放贷款。相较于其他农村金融机构具有较大优势。

根据《意见》"在县(市)设立的村镇银行,其注册资本不得低于300万元人民币;在乡(镇)设立的村镇银行,其注册资本不得低于100万元人民币",村镇银行应该依据其管理决策的复杂程度、服务特点及业务规模来设置灵活、简洁的组织机构。同时,在农村地区设立新的银行业金融机构,要科学设置业务流程和管理流程,精简设置职能部门,提高效率,降低成本,实现高效、安全、稳健运作。总之,构建村镇银行是利用现代企业制度,实行简洁、灵活的治理模式,针对自身机构规模小、业务简单的特点,村镇银行的建设一般遵循市场化原则,按照因地制宜、运行科学、治理有效的方式进行组织架构。村镇银行属于一级法人机构,这种扁平化的结构,使得决策链条短、反应迅速,能够根据当前农业和农村经济发展的实际创新金融产品,按照市场化原则开展经营。

以江苏省盐城市射阳县太商村镇银行为例,太商村镇银行注册资本高达5 000万元,而且全部都是人民币类型的普通股,包括江苏省太仓市农村商业银行投入的2 600万股,占52%,江苏金马油脂科技发展有限公司、太仓宏大方圆(集团)有限公司、太仓经济开发区外贸创业园发展有限公司、江苏五洋房产有限公司、太仓醒狮纺织化工实业有限公司、太仓尼盛置业有限公司各占8%。太商村镇银行仅在开业第一天就吸收了78户公众存款,数额达到3.8亿元,其中企业存款43户3.1亿元,为活期存款;个人存款35户7 000万元,为定期存款。向21户发放了贷款,数额高达8 000万元,包括向企业客户提供的贷款7 600万元,向各专业农户分别提供贷款50万元,这些贷款都是短期的。由于江苏地区大部分村镇银行均为农商行发起,因而积累了大量针对小微企业和农村地区业务的行业经验。借助于村镇银行的体制特点,充分发挥了这些优势。

(二)发达地区村镇银行地域优势显著

一般来讲,村镇银行都是在当地政府大力倡导和支持下组建和发展起来的,地方政府都会给予很多优惠政策来实现村镇银行的可持续发展。同时,村镇银行的设立一般都会吸纳当地的民营企业入股,这就为村镇银行赢得当地民营企业的支持提供了保障。以遂宁安居融兴村镇银行为例,遂宁安居融兴村镇银行由遂宁柔刚投资公司、四川卓筒实业、四川兴和房产和遂宁开明食品共同投资设立,这四家企业在当地颇具实力和影响力,为遂宁地区的经济建设做出了积极贡献,深得民心。遂宁安居融兴村镇银行要想立足于遂宁地区,与地区经济血肉相连,需要借助于这四家股东企业在当地的影响力和品牌优势,充分利用各方资源,提高银行的知名度,提高吸存能力。另外,由于遂宁安居融兴村镇银行业务范围在遂宁地区,可以更加深入地了解当地客户的资信情况、经营发展状况,同时通过和客户的有效沟通,了解他们的各种需求,有针对性地设计灵活多样的金融产品和贷款模式,增加彼此信任,建立长期稳定的业务合作关系,化解信息不对称带来的各种风险和道德问题。而发达地区村镇银行地处中国发达地区,所以能比欠发达地区获得更多的政策支持和扶持帮助,区域优势更加明显。

(三)信息获取优势

发达地区村镇银行分布广泛,数量可观,作为地方性银行,村镇银行在获取信息方面具有与地方经济交融的地缘性优势和时效优势。员工选择倾向于本土化员工,他们与银行客户有直接或间接的接触,对当地客户的信用情况、经营效果、道德人品等信息掌握得更加详尽准确,通过关系型借贷,有利于降低信息不对称带来的道德风险和逆向选择。同时信息掌握得越充分、越及时,农户信息搜索成本就越低,有利于解决农户融资困难等问题。村镇银行在针对当地农民和小微企业量身定制金融产品时,能最大化地满足贷款者的需求。

二、发达地区村镇银行发展劣势分析(weakness)

(一)发达地区村镇银行产权结构单一

虽然2006年出台的《意见》要求主发起行占20%以上股份,但是对主发起行占股比例却没有上限限制。缺少对主发起行控股的限制,使得主发起行一股独大的现象在发达地区村镇银行中司空见惯。以江苏如东融兴村镇银行为例,其主发起行——哈尔滨银行股份占比达到80%。由于主发起行一股独大,并掌握了村镇银行的经营管理权,村镇银行往往沦为主发起行的分支行。村镇银行中的一股独大导致其他股东在村镇银行中缺乏话语权,影响了民间资本进入村镇银行的积极性,甚至一些已参股村镇银行的企业和自然人要求退出村镇银行。

通过对江苏省以往资料进行全面的研究分析,可以看到其村镇银行产权结构普遍单一。例如中银富登村镇银行的资料显示,有三十多家中银富登村镇银行都是由中国银行发起成立的,中国银行成为发起村镇银行最多的大型银行。

由于数据的原因,目前很难获得江苏村镇银行关于股权比例的具体数据。从注册资本的发起数量上看,江苏省村镇银行的主发起人,大型商业银行处于绝对的控制地位。源于股权的绝对优势,发起行基本上会复制其原有的一套风险管理模式,这样村镇银行的经营优势不可能得到有效发挥。如何发挥村镇银行先天性的优势,即经营灵活、贷款审批发放迅速、审批周期短等,在股权设定、股权结构上还需要有更多思考。

表6-1 江苏省村镇银行发起行股份占比情况

序号	名称	发起银行	注册资本（万）	主发起行占比（%）
1	江苏丰县民丰村镇银行	江苏宿迁民丰农村商业银行	5 000	51
2	江苏徐州铜山锡洲村镇银行	江苏锡洲农村商业银行股份有限公司	5 000	51
3	江阴浦发村镇银行	上海浦东发展银行	10 000	51
4	宜兴阳羡村镇银行	南京银行股份有限公司	10 000	50
5	太仓民生村镇银行	中国民生银行	10 000	51
6	阜宁民生村镇银行	中国民生银行	6 000	51
7	苏州常熟建信村镇银行	中国建设银行	20 000	51
8	江苏张家港华信村镇银行	重庆农村商业银行股份有限公司	6 000	51
9	昆山鹿城村镇银行	南京银行股份有限公司	16 000	51
10	江苏武进建信村镇银行	中国建设银行	20 000	51
11	溧阳浦发村镇银行	上海浦东发展银行股份有限公司	5 000	51
12	金坛常农商村镇银行	常熟农村商业银行	3 000	42
13	江苏丹徒蒙银村镇银行	内蒙古银行	10 000	51
14	江苏金湖民泰村镇银行	浙江民泰银行控股	8 000	51
15	句容茅山村镇银行	江苏江阴农村商业银行	12 500	52
16	江苏江都吉银村镇银行	吉林银行	18 000	50
17	江苏洪泽金阳光村镇银行	姜堰农村商业银行	8 000	51
18	江苏东海张农商村镇银行	张家港农村商业银行股份有限公司	3 000	51
19	沭阳东吴村镇银行	苏州银行	5 000	60
20	江苏泰兴建信村镇银行	中国建设银行	10 000	51
21	兴化苏南村镇银行	江阴农村商业银行	10 000	51
22	江苏靖江润丰村镇银行	江苏吴江农村商业银行	12 000	54.33
23	江苏南通如皋包商村镇银行	包商村镇银行	3 000	51
24	江苏大丰江南村镇银行	江南农村商业银行	10 000	51
25	江苏如东融兴村镇银行	哈尔滨银行	10 000	80
26	江苏海门建信村镇银行	中国建设银行股份有限公司	10 000	51
27	江苏淮安盐海村镇银行	江苏射阳农村商业银行	10 000	51
平均			9 462.96	52.16

资料来源：根据各村镇银行网站、地方金融网站收集整理。

(二) 发达地区村镇银行生存空间狭小

发达地区农村信用社的网点分布、联网结算、资金规模、社会关系等具有比较优势,村镇银行难以与之竞争。信用社更容易得到农户中的"优质客户"。村镇银行营业网点少,中间业务少,主要依靠贷款规模获取利润,目前贷款很少,其财务可持续性受到怀疑。村镇银行被限定于所属县市或乡村的地域范围内,不得发放异地贷款,市场狭小,并受限于当地经济发展状况和居民收入水平,这对村镇银行是否能实现其商业利润是个挑战。这样就限制了村镇银行规模的扩大,无法实现规模经济,导致成本较高。在互联网时代,任何一家银行都离不开IT系统。对于商业银行的分行来说,可直接使用总行已有的IT系统。但村镇银行是一级独立法人,利用主发起行的IT系统这种方式很难被监管机构认可,因此不得不采取外包和复制两种模式,其中多数村镇银行采用复制发起行IT系统的方式,由村镇银行自行管理或由第三方托管。这种方式初期费用不高,但后续的使用许可费和维护费用较高,在村镇银行经营规模有限的情况下,其单位成本自然就居高不下。近年来,为方便客户,一些村镇银行的银行卡已单独加入银联系统,而中国银联收取的费用较高(达300万元),这自然又提高了村镇银行的单位成本。更主要的是,在支小支农的业务宗旨下,中低端贷款户是村镇银行的主要贷款对象,每笔贷款金额不大,就需要相对较多的人力和物力办理业务,这也导致了成本的提高。居高不下的成本不仅使村镇银行的盈利水平与商业银行相比有一定差距,而且还比不上小额贷款公司。

(三) 本地化人才的缺乏制约了村镇银行业务的拓展

与农村信用社一样,作为立足于县域经济和扶农支小的村镇银行,其业务对象主要是当地的小微企业和农户,无论是吸收存款还是发放贷款,都需要非常熟悉业务对象,掌握业务对象的许多软信息。作为长期深耕于农村金融市场的农村信用社,其拥有的大量既熟悉金融业务又深谙当地情况的业务人员是其宝贵财富。而作为外来户的村镇银行,由于其经营管理权往往被主发起行高度控制,其主要高级管理人员一般由发起行委派,这虽然在一定程度上加强了内部控制,防范了金融风险,但也导致这些高管因与当地政府和企业缺乏有效沟通而影响其业务开展。此外,村镇银行一般工作人员往往是从高校中招聘的大学毕业生,这些刚毕业的大学生不仅缺乏工作经验,对"三农"比较陌生,而且往往都是外来户,在当地拓展小微金融业务上显得力不从心,在业务拓展上无法与农村信用社业务人员进行竞争。

三、发达地区村镇银行发展机遇分析(opportunity)

（一）农村金融的供需矛盾突出,解决"三农"问题的政策支持

目前,发达地区农村金融组织体系的现状是,国有及国有控股商业银行逐步从农村地区撤出,政策性金融机构作用有限;农村信用社在大多数地区起主导作用,但问题很多;民间金融广泛存在并发挥重要作用,但因为不规范,所以存在着较大的金融风险。农户和农村中小企业的巨大金融需求得不到满足,农村金融市场的供需矛盾异常尖锐。众所周知,我国目前缺乏为农村服务、为社区服务的小银行。农民贷款难的问题一直是制约农民增收的关键所在。对于广大农民而言,他们现在最需要的是能够为其解燃眉之急、贷款门槛低的小银行。可见,国家大幅度降低农村金融机构准入门槛,目的在于打破农村金融垄断地位,建立完整的农村金融市场体系,以解决农民贷款难的问题,从而促进农村经济的快速发展。以江苏地区为例,各级政府均重视村镇银行的建设,制定了相关的政策,这些政策为村镇银行的发展提供了有力保障。

一是国务院、财政部和中国银监会从2007年开始就村镇银行的设立、有效运行、科学发展制定了若干政策,如《村镇银行管理暂行规定》《村镇银行组建审批工作指引》《关于调整村镇银行组建核准有关事项的通知》《村镇银行子银行管理暂行办法》《小额贷款公司改制设立村镇银行暂行规定》等。《关于鼓励和引导民间投资健康发展的若干意见》由国务院2010年5月份颁发,这份文件对民间资本参与村镇银行的建立进行了鼓励,对村镇银行最低出资比例的限制也大大放松。在随后银监会公布的《关于鼓励和引导民间资本进入银行业的实施意见》中,明确将这一比例由20%降低到15%,加大村镇银行对民间资本的吸引力。此后,国家还出台了一系列政策措施逐步改善村镇银行发展的外部环境。例如,近年来在各界的呼吁下,村镇银行进入支付结算系统的困境持续得到改善。

二是江苏省政府对村镇银行的发展制定了相关政策,2012年5月,江苏省政府通过了《关于加大金融服务实体经济力度的意见》。这份文件根据金融服务情况对实体经济的服务力度进行了强化。同时,它还认为中小金融机构要不断向下级地区延伸,要积极创建村镇银行;在参股中,要对中小金融机

构的条件加以放松,同时,还要做好监管工作。为了能更好地进行融资,要适当放宽小额企业贷款的考核指标,利用保险业对贷款进行担保,对金融风险进行有效防范,并给予一定程度的财政支持。

(二)发达地区农村金融改革全面推开,发展环境不断优化

2007年年初,国家召开金融工作会议,对农村金融改革进行了全面部署和安排,农村金融环境将在以下几个方面发生积极变化:一是体系更健全。如包括商业性金融、政策性金融、合作性金融和其他金融组织在内的分工合理、投资多元、功能完善、服务高效的农村金融组织体系,由农村信贷市场、农产品期货市场、农村保险市场和农村金融担保市场等组成的农村金融市场体系,以征信、结算为重点的农村金融基础服务体系,以及业务品种较为丰富的农村金融产品体系等。二是服务更充分。通过引入竞争机制,实施鼓励金融创新的财税政策,引导开展银团贷款和代理业务,农村金融产品将进一步丰富,机构间的协作将进一步加强,服务方式将进一步改进,金融服务"三农"的质量和效率将进一步提高。三是扶持更到位。适应农村金融体系可持续发展需要,以财政税收、货币信贷、监管政策、担保机制为核心的制度性政策扶持体系将逐步建立,引导县域内各金融机构将资金持续运用于"三农"。四是机制更完善。适应保持农村金融安全稳健发展需要,建立政策性农业保险制度和农业再保险体系,积极发展农产品期货市场,建立健全符合农村特点的担保机制,设立功能完善、权责统一、运作有效的存款保险机构,完善审慎监管制度,建立市场化的金融机构退出机制,加快建设农村金融支付清算系统,引导和规范民间借贷,农村金融的运行机制将进一步完善,运行效率将进一步提高。

以江苏地区的"四化"发展为例,根据党的十八大报告提出的坚持走中国特色新型工业化、信息化、城镇化、农业现代化道路的战略部署,江苏省要花更大力气推进"四化"同步发展,加快信息化与工业化深度融合、工业化与城镇化良性互动、城镇化和农业现代化相互协调,促进工业化、信息化、城镇化、农业现代化同步发展,并将在全国率先实现农业现代化。这些目标和任务必将带来新的资金需求。

一是工业化的发展使各类大、中、小企业成为农村资金需求的主力军;二是城市化及城乡一体化建设促进了农村各个方面建设的发展,加大了对农村公共产品的资金需求;三是农业现代化的目标是要实现农业生产的规模化、

专业化、科技化、企业化、市场化、生态化和国际化,这也必然带来大量的资金需求。"龙头企业+经济合作社+农产品基地+生态观光农业园"建设构成了江苏农业现代化进程中的资金需求链;农村新型经济组织的发展为村镇银行提供了新的需求细分市场。如2011年,江苏省新增登记农民专业合作社9 951家,新增登记成员254.1万户,成员总数达561.7万户,约占全国登记总数的一半,农户入社率达37.9%;社均登记成员达125.5户,是全国平均数的6倍;成员出资总额909.2亿元。农民专业合作社入社农户比例、登记成员数、社均成员数、出资额四项指标均居全国第一。目前,江苏省成员超千户的合作社754家,出资额超千万元的合作社1 401家,年销售额超过千万元的合作社达到2 883家。而据《人民日报》2013年1月30日第6版报道,江苏农民合作社遇到三大发展难题,其中第一个难题就是资金紧张贷款难;此外,农业生产的自然风险和市场风险使农业保险的资金需求成为新农村建设最基本的资金需求之一。在江苏"四化"同步发展战略下,建立与多层次资金需求相适应的较为健全的多元化资金供给服务体系已是迫在眉睫,作为以服务小微企业和"三农"为主的村镇银行也必将迎来新的发展机遇。

四、发达地区村镇银行发展威胁分析(threat)

(一)同业竞争日趋激烈

目前,银行类金融机构竞争非常激烈。部分金融机构正积极进行转型,进入农村金融市场。部分商业银行在稳定和发展农村地区网点和业务的同时,充分利用县域的资金、网络和专业优势,加大对农业产业化、农村基础设施的贷款支持力度,抢占农村金融市场先机。农信社进一步发挥农村金融主力军作用,不断完善产权制度、组织形式和内控机制,成为服务"三农"的社区性金融机构。邮政储蓄银行增强了农村地区的储蓄、汇兑和小额贷款功能。其他各类金融组织也积极为"三农"和县域经济发展服务。设立村镇银行必将加剧农村金融生态竞争的激烈程度。可以预见,农村金融的竞争程度将提高,尤其是业务交叉量较大的领域,将可能出现比较激烈的竞争。原因有以下三点:

一是现有金融机构"支农支小"力度加大。随着中央连续每年在一号文件中对"三农"问题的重视,金融企业不断加大了对现代农业发展、新农村建设的支持力度。尤其是江苏,在省委省政府率先提出实现农业现代化的背景下,政策性银行、国有银行、地方银行、农村商业银行、农村信用合作社等都主动增加对"三农"工作的支持。除了在大型项目上提供有力的信贷外,它们还设立了小企业金融服务专营机构,向小微企业和农业企业、农民提供金融服务。

二是民营银行的发展将可能挤占村镇银行的市场份额。近期,我国政府鼓励民营银行发展的力度不断加大。2013年,中国人民银行行长周小川就明确表示"支持民间资本设立民间银行";2013年7月,国务院出台的《金融支持经济结构调整和转型升级的指导意见》指出,"尝试由民间资本发起设立自担风险的民营银行、金融租赁公司和消费金融公司等金融机构"。2013年9月,苏宁银行股份有限公司和华瑞银行股份有限公司已经出现在国家工商总局每周定期公布的企业名称核准公告中。作为民间资本丰富的江苏省,可以预见今后民营银行会得到较快发展,这将进一步加剧江苏省农村金融市场竞争的激烈程度,影响村镇银行的市场拓展。

三是小额贷款公司发展突飞猛进。近几年,小额贷款公司无论是机构数量还是贷款规模都呈现出快速增长的态势。以江苏为例,截至2017年6月底,江苏省拥有的小额贷款公司已经达到627家,机构数量居全国首位;从贷款余额指标来看,江苏省小额贷款公司的贷款余额高达1 052亿元,也是居全国首位,几乎占到全国的五分之一。由于小额贷款公司与村镇银行在市场定位方面基本相同,小额贷款公司的发展无疑给村镇银行带来巨大的竞争压力。

(二) 客户服务需求更高

随着发达地区农业科技的不断发展,农业生产规模不断扩大,农业产业化快速推进,中小企业蓬勃发展,对村镇银行的产品和服务需求会增加。村镇银行受多种因素影响,金融创新意识和创新能力不强,信誉度不够,市场竞争力较低。同时,由于金融同业近来积极实施股份制改造,逐步回流农村,致使农村地区金融竞争加剧,可供选择的产品和服务机构将不断增加,新的金融产品不断出现,并且随着金融市场的不断完善,农民的金融意识不断增强,村镇银行的替代产品威胁在不断增加。加上客户自身经济实力的增强,客户在价格、金额、服务等方面的谈判能力增强,以及村镇银行的规模问题,导致村镇银行的经营成本较大,容易发生亏本。

第二节　发达地区村镇银行发展目标选择与战略定位

结合前文对发达地区村镇银行的优势、劣势、机遇和威胁的分析,针对发达地区村镇银行服务对象广泛、规模小巧灵活等特点,本课题提出发达地区村镇银行发展的战略目标是:以"农"为本,拾遗补漏,立足民生,特色服务。下面对其战略目标的定位做具体阐述。

一、发达地区村镇银行发展目标选择

（一）以"农"为本

发达地区村镇银行的主要特点是设立在县乡区域,且经营范围限制在当地,独立法人,机构决策速度快,等等。因此,紧贴市场,充分发挥自身灵活的优势,才是提升自身核心竞争力的关键。为了更好地抢占农村金融市场,在村镇银行日常经营中应当以"农"为本,在实践中坚持全方位下沉服务重心。

村镇银行发展应紧密围绕"三农"客户的地域特点,以"网点下沉、服务下沉"为落脚点。在网点建设和布局上积极创新打破"最后一公里"瓶颈,为"三农"客户送服务上门。一是网点下沉,发达地区村镇银行应当自觉优化村镇银行下设分支机构的程序,尤其是开业半年以上、管理能力强、市场定位清晰、服务"三农"特色明显的村镇银行,可以进一步在乡镇设立分支机构,进一步下沉服务重心。一方面,网点下沉可以缓解村镇银行服务单一、吸储困难等难题;另一方面,网点下沉可以完善支农服务体系,促进农村金融充分竞争。二是积极探索智能网点建设,在保障营业可持续的前提下,尽力改善网点硬件、软件设施。发达地区村镇银行不仅需要配备自助存取款机,有能力的村镇银行还可以配备智能终端服务机、可连接互联网的 PAD 等移动自助机具,通过智能终端可办理包括个人开户、转账汇款、查询等在内的柜面耗时较长的业务。通过智能化、自助化、移动化,不仅可提高办事效率,节省客户时间,还可有效地解放柜员,减少人工成本。并可为客户提供更加细致全面的服务。将传统银行网点变成金融服务"体验店"也可提升客户体验。三是村镇银行通过开展农村金融服务站建设可以有效解决广大农村地区金融基础设施缺乏、金融服务缺失的问题,故而,村镇银行应当主动承担为老少边穷

地区农村客户提供金融服务的责任。大量建设农村金融服务站,可以帮助部分地区实现行政村金融全覆盖,部分村镇银行以"自助终端+转账电话+助农取款点"的运营模式为农民、个体工商户提供查询、转账、缴费、理财等金融服务,还有部分村镇银行以"粮食收购非现金结算点"的形式形成了较为成熟的"银行+粮食收购企业+粮食经纪人+农户+助农取款服务点"的粮食收购模式。此外,有的村镇银行在超市设立现金服务点以"购物兑换新钱、无偿兑换残币"的形式,为农民提供大额零辅币调剂、残损币兑换、真假人民币鉴定等服务。做到以"农"为本,全心全力为"三农"服务。

(二)拾遗补漏

村镇银行在和大型商业银行竞争的同时,需要时时记住补缺者的定位。进行补缺者定位的银行一般资产规模较小,金融产品的品质不高,其成功的关键在于能够主动发现新市场,并通过一定的质量和特色开拓与占领这一市场。在与大型银行相似的业务范围内经营只会强化村镇银行的比较劣势,不能发挥村镇银行的比较优势。因此,村镇银行要想生存只有做大银行不愿做或做不好的业务,弥补大银行的不足。

(三)立足民生

2015年11月9日,由中共中央总书记、中央全面深化改革领导小组组长习近平主持召开的中央全面深化改革领导小组第十八次会议,审议通过了《推进普惠金融发展规划(2016—2020)》。2015年12月31日,下发了《国务院关于印发〈推进普惠金融发展规划(2016—2020)〉的通知》。这是中共中央通过的我国第一个推进普惠金融发展的规划。在"十三五"时期,我国普惠金融将迎来一个全面深化改革和创新发展的新时期。对此,村镇银行应当率先积极响应。按照"立足改善民生,聚焦薄弱领域,深化金融创新,推进普惠建设"的指导思想,坚持全面推进和重点突破并举、防范风险和鼓励创新并重,着力增加普惠金融服务和产品供给,不断创新服务模式,大力提升小微企业、"三农"、贫困人口、特殊人群等薄弱领域的金融服务质量和服务水平。

(四)特色服务

村镇银行最突出的服务特点是紧贴本地"三农"客户、小微客户的需求提供接地气的"走出去、送上门"服务,致力于克服村镇银行天生的规模小、历史短、公信力不足的弱点,以持续、广泛、务实的宣传和服务拓展业务。一是积极推广金融知识宣传服务。在县域的金融宣传内容首先要使农民喜闻乐见，村镇银行常常自编自导，将抽象的金融政策和专业的金融知识与农民生活实例、辖内特色文化和百姓喜闻乐见的娱乐形式结合起来，送演出到乡村，寓宣传于百姓娱乐中，使社会公众的金融政策水平在娱乐中得到提高，形成有村镇银行特色的金融宣传文化。二是设计新颖实用、贴近百姓的金融知识宣传资料。如将金融知识印在环保购物袋上，印在餐巾盒、摇扇、纸杯等一些实用物品上，农民、居民在使用时就能看到宣传的内容，使金融政策、金融业务知识一目了然，从而较好地普及了金融知识。三是以地方媒体和微信公众平台为主开展金融知识普及宣传。许多村镇银行在做好厅堂宣传和外出宣传的基础上，充分利用微信公众平台进行新产品推广宣传，对产品特色及优势进行推送宣传，并通过发动员工、客户及亲友广泛分享和转发来拓展宣传，成效突出。四是村镇银行以形式丰富的活动与农民、居民紧密融合。如广泛开展的包括农副产品优惠、庆元宵、学雷锋进社区、消费者权益日免费咨询、庆端午等各类形式在内的存款营销活动，均获得当地老百姓的认可和好评。五是推出符合农民农户需求的信贷产品。发达地区村镇银行需紧密结合当地经济特点和客户需求，在依法合规的基础上，积极开拓思路，寻求创新，推出符合农民农户需求的产品。

二、发达地区村镇银行发展战略与方向选择

（一）格莱珉银行成功战略借鉴

在小额信贷方面，表现比较突出的是孟加拉国的格莱珉银行，它已经建立二十多年。格莱珉银行最大的创新就是使向贫困人群发放贷款的业务发生了改变，在整个发展过程当中，无论是产品还是机制都在走向完善。如今，全世界很多国家都对这一成功模式进行了复制。2006年，这家银行的创始人还成为诺贝尔和平奖的得主。格莱珉银行的成功经验表明，在贫困人群地区也是可以进行经营的，可以呈现出一种公益以及商业相互交叉的状态。格莱珉银行的创始人尤努斯在创办银行的同时，还建立了一种全新的模式，这种模式有别于以往的金融机构，可以服务于贫困人群，而小额贷款的成功理念主要来源于以下三条信念。

1. 接纳被银行所拒绝的穷人

在很多国家，银行业是不会对穷人开放的，更不会提供相关的贷款业务，

尤努斯很反对这种做法，他觉得银行是可以为穷人服务的。开展小额贷款，银行可以通过这种业务进行盈利，这就开创了一种双赢的局面，无论是对于银行还是对于贷款者都是有利的。

2. 贷款者都是诚实可信的

格莱珉银行对穷人发放贷款的时候，并没有做出担保的要求，就算穷人可能没有偿还能力也不会被起诉。在尤努斯的观念里，穷人是老实的人，可以信任，没有必要借助于法律的制裁作用。他还认为，小额贷款可以对穷人进行帮助，不能用一纸合同来衡量，就算这些穷人没有按规定还款，也是因为没有能力还款而非故意。

3. 穷人本身具有生产技能

尤努斯认为，只要穷人可以自食其力地生活下去，就说明他们具有生存的能力，因此，就没有必要再让穷人学习其他技能，而是应该给予贷款方面的帮助，让他们利用这些资金，进行各种劳动，这样就可以赚到更多的钱。

格莱珉银行在不断发展过程中总结出的一种模式就是小额贷款的关键，决定着其是否可以发展下去。这个模式是经过验证的，是一种行得通的模式。尤努斯经过认真的比较，发现以往的银行业务是有缺陷的，比如，以往银行在向客户发放贷款之后，客户在还款的时候需要偿还总额还有利息，这样难免会觉得不太适应，所以他们会采取拖延的方式，造成债务越来越多，到了无法承受的程度，就不打算再偿还。这种方式让借款人对于难以解决的问题不予理睬，不能主动地想办法进行解决。所以，尤努斯就运用和以往银行完全不一样的方式，规定以每周为单位进行还款，借款人会在不经意之间把贷款还上。这样的方式一直流传到现在，不过在当时，却是轰动一时的。格莱珉银行正是因为运用了这种方式，所以还款率一直较好。其次，尤努斯教授还专门为格莱珉银行创造了一套与众不同的贷款发放和回收制度：在借贷者的贷款管理方面采取"小组＋中心＋银行工作人员"的管理方式。格莱珉银行要求所有贷款者都要寻找小组，小组成员之间要互相监督和帮助，使得他们的还款能力增加，减少了不能按时还款的风险，同时，小组成员相互之间的还款压力，使得他们的目标一直保持一致。不过，在实践中，组建这样的小组其实也不是很容易的事情，特别是针对那些妇女来说，她们需要找到同类人进行说服工作，这个周期会进行很长时间。同时，所有的参与者还要通过严格的口试，才可以进行贷款，这一程序可以让那些觉得麻烦的人知难而退，剩下的就是需要贷款的人,以及态度比较严肃的人,这些人会成为小额贷款的人选,他们本身就比较有理想有耐力,所以也容易成功。第三,格莱珉银行一方面办理小额贷款的业务,一方面又办理存款业务,当穷人需要资金解决困境或者遇到比较好的机遇时,这些存款就会发挥很大的作用。格莱珉银行规定,小组参与者之中贷款者需要把贷款总额的百分之五拿出来,投入一个基金当中,当满足了一定的条件,即其他参与者都同意贷款或者贷款总额只占基金的一小部分的时候,参与者可以拥有无息贷款的机会。实践表明,这种由基金演变成的无息贷款作用很大,甚至可以解决一些人的吃饭问题,以及可以看病和上学,就算遭遇自然灾害仍旧可以正常地进行生活,还有可能得到贷款安葬去世的亲人。极富创造性的管理理念与经营模式,让格莱珉银行在孟加拉国获得了巨大成功,同时格莱珉银行的成功经验成为银行界珍贵的教科书,这种小额贷款模式也在全球范围内迅速普及,成为世界银行金融领域新标杆。

(二) 投资管理银行的新模式

2018年1月9日,中国银监会发布《关于开展投资管理型村镇银行和"多县一行"制村镇银行试点工作的通知》(银监发〔2018〕3号,以下简称《通知》),正式在监管层面支持村镇银行向投资管理行新模式发展。《通知》指出:"已投资一定数量村镇银行且所设村镇银行经营管理服务良好的商业银行,可以新设1家或者选择1家已设立的村镇银行作为村镇银行的投资管理行(简称投资管理型村镇银行)。投资管理型村镇银行受让其主发起人已持有的全部村镇银行股权,可以继续投资设立或者收购村镇银行,并对所投资的村镇银行履行主发起人职责。"

2017年全国金融工作会议提出"建设普惠金融体系,加强对小微企业、'三农'和偏远地区的金融服务,推进金融精准扶贫"的工作要求。作为立足县域、"支农支小"的专业化社区型银行,村镇银行是农村金融服务体系不可或缺的组成部分,也是发展普惠金融和实施金融扶贫的重要载体。经过十多年发展,村镇银行培育工作已经取得积极成效,在健全农村金融体系、激活农村金融市场等方面发挥了积极作用,已经成为服务"三农"和小微企业的金融主力军。为进一步提升普惠金融服务覆盖面,提高村镇银行"支农支小"服务能力,加快建立完善多层次、广覆盖、可持续的农村金融服务体系,银监会印发的《通知》,从完善准入政策、加强定位监管、加强风险监管三个层面,提出了进一步完善村镇银行监管政策的具体要求。

投资管理行模式是对现行村镇银行投资管理模式的进一步完善。自村镇银行试点以来,银监会积极支持主发起人探索行之有效的管理模式,例如通过指定部门管理、成立事业部管理等方式,加强对村镇银行的管理和服务。但是随着主发起人组建村镇银行数量的增加,现行管理模式已经难以适应集约化管理和专业化服务的需要。由于村镇银行系统建设、产品创新、人才培训往往涉及主发起人内部多个部门职责,现行管理模式跨部门协调难度大、管理成本高问题比较突出。此外,主发起人与村镇银行的服务对象、风险特点有明显差异,因此,有必要搭建专门的中后台服务平台,为村镇银行"量身定制"产品体系和风控体系。

与现行管理模式相比,投资管理行模式具有显著优势:一是与管理部门、事业部相比,投资管理行作为独立法人,能够更好地统筹优势资源,提高管理服务效率,解决中后台服务短板。二是有利于带动社会资本投资入股。在商业银行持股比例不低于15%的前提下,《通知》要求投资管理行优先引进优质涉农企业投资入股,从而扩大民间资本投资入股村镇银行的渠道,促进建立面向"三农"和小微企业的股权结构、治理架构和服务机制。三是投资管理行能够针对村镇银行特点,建立专门的风险识别、监测、处置以及流动性支持等制度安排,构建"小法人、大平台"机制,促进形成规模效应,提升村镇银行管理能力和整体抗风险能力。

在运营目标上,投资管理行要以促进村镇银行持续健康发展、提高"支农支小"服务水平为宗旨。在具体职责上就是要实现对村镇银行的集约化管理和专业化服务,并从集团层面全面贯彻支农支小的战略定位,强化风险防控和并表管理。在这样的模式下,一是可实现集约化投资、可收购村镇银行。《通知》明确,投资管理行除受让其主发起人已持有的全部村镇银行股权外,可继续发起设立村镇银行,重点布局中西部地区和老少边穷地区;按照市场化原则收购其他主发起人投资的村镇银行,以提高村镇银行集约化管理水平。二是能强化集约化管理和专业化服务。通过建立有效的管理体系和中后台服务体系,全面提高村镇银行管理水平,同时降低村镇银行运营成本,实现规模经济效益。三是可以有效制定支农支小整体发展战略规划,支持村镇银行建立特色化的商业模式和激励约束机制,通过发挥商业银行专业技术优势和村镇银行社区型银行特点,激活农村金融服务链条,更好地满足县域"三农"和小微企业的金融服务需求。四是可强化风险管理,建立起适应村镇银行业务特点的风险管理体系和内控制度,实现对村镇银行各类风险的有效识别、计量、监测和控制。

投资管理行的发展新模式,更能为经营较为成功、实力较强的村镇银行提供一个"做大做强"的可行途径。《通知》鼓励投资设立村镇银行数量较多的主发起人采取投资管理行模式,对所投资的村镇银行实施集约化管理。《通知》明确,投资管理行在村镇银行现有业务范围的基础上,增加了投资和收购村镇银行,为村镇银行提供代理支付清算、政策咨询、信息科技、产品研发、运营支持、培训等中后台服务,以及受村镇银行委托申请统一信用卡品牌等业务。但应当强调的是,投资管理型村镇银行仅调整增加了村镇银行的业务范围,其机构类别仍然是村镇银行,其服务"三农"和小微企业的市场定位是不变的。投资管理行模式实施后,村镇银行主发起人可以按照市场化和契合性原则,选择采取投资管理行模式或者现行其他行之有效的管理模式。

三、发达地区村镇银行发展的策略选择

(一) SO 策略:依靠内部优势,利用外部机会

利用村镇银行灵活经营的特点,发挥地域优势,及时提供惠民优质的金融服务,积极创新金融工具、金融技术、金融产品来满足新农村建设的资金需求。参与县市、乡镇政府的新农村建设和城乡一体化建设规划,形成政府、市场、金融机构和农民多方配合的系统化、良性循环的融资渠道,依托当地政府平台,在成本可算、风险可控的前提下,逐步推出与自身管理相适应、与"三农"和小微企业融资需求相匹配的金融产品和服务,实现经济效益和社会效益的双赢。加强对信贷专员的业务培训,鼓励其深入村镇普及金融知识、宣传理财业务,提高村民对村镇银行经营理念的认知和对金融产品的了解,激发农户投资需求。建立健全客户信用档案,优化客户选择,加强客户沟通,大力发展有效益、有信用的优质客户群体,提高客户的忠诚度。优化抵押担保品设计方案,稳步发展信贷业务,扩大村镇银行的业务范围,调整经营理念,在完善服务的同时扩展盈利空间。

(二) ST 策略:利用内部优势,规避外部威胁

利用信息和运行机制灵活的优势,积极寻找金融市场空间,与农业银行、农村信用社等传统金融机构实现错位竞争,创新涉农信贷担保、抵押方式。建立联保制度,借鉴孟加拉国乡村银行"小组 + 中心 + 银行工作人员"的放贷

方式,探索有效的抵押品替代机制,扩大对农民贷款的覆盖面,增加小额贷款的对象、额度和期限。以小额信贷为主发展多元化的零售业务。发挥"短、平、快"的优点,效仿尤努斯模式,将工作的重点放在农村中低收入人群上。利用联动机制将村镇银行、当地政府和支农服务中介机构联系起来,控制金融风险,解决信息不对称问题,降低营运成本,提高工作效率。扩展融资渠道,提高吸储能力。推广新的存款种类、理财产品,如捆绑发行金融债券、吸收大额的协议存款等,积极营销并重点支持资信俱佳、具有特色产业、高产高效的中小企业。通过媒体宣传设立村镇银行、服务"三农"的战略性意义,多角度推介理财业务,引导信用投资,增强公众存款的信心,提高社会知名度。扩大村镇银行规模,设立分支机构,扩大股东人数,争取和其他正规或社会金融组织合作,实现资本构成多元化,壮大资本金。利用自身在地域人缘上的优势,深入"三农"的各个方面,全面及时掌握农民、农村中小企业的生产经营状况和金融需求,引导闲置资金流入村镇银行。扩大服务半径,完善用人机制,引进高素质管理人才,聘用业务精英,规范人员管理制度。加强村镇银行内部管理,提高竞争意识,改善服务水平,提高化解风险的能力。

(三) WO 策略:利用外部机会,弥补内部劣势

相对于城市来说,目前农村地区金融服务供给尚显不足,而农村金融需求旺盛,农村金融竞争事实上并不充分,村镇银行必须利用这一宽松的竞争环境,尽快提高自身的竞争力,在农村金融领域占领有利地位。要融合现代商业银行的经营思想、风险管理理念、内部管理标准、职业道德标准,培育内部控制文化。要规范经营管理体制,加强自身建设,注重体制创新,完善法人治理结构,明确股东的权利与义务。建立内部评级系统和信用风险管理机制,加强内控建设。保证制度的执行力,建立责任明晰的用人机制。实行绩效管理,消除在经营中因人为因素引发的信用风险和操作风险。进行特色经营,树立品牌形象,建设优秀企业文化。借鉴和引入其他银行优质服务的经验和国有商业银行先进的网络设施,提高自身业务运作能力,把村镇银行打造成具有"农"字特色、机制灵活、竞争力强、可持续发展的高品质银行。

(四) WT 策略:减少内部劣势,规避外部威胁

完善经营机构布局,增设营业网点。发达地区村镇银行应在县域范围内的城区和乡镇加快网点建设,有效扩大业务辐射范围,方便客户办理存取款等业务,将惠民服务落到实处。加快村镇银行基础设施建设,以现代化的手

段和优质的服务吸引客户的加盟。进一步加快支付系统建设,畅通支付结算渠道。积极依托主发起行强大的网络资源优势,可先间接接入大小额支付系统、征信管理、外汇管理等网络系统,提高服务能力,待时机成熟后再加入大小额支付结算系统。村镇银行要加快中间业务发展步伐,满足客户多样化需求。开展人才引进培训工作,支持村镇银行从业人员到国有大型银行实习。移植主发起行的小企业信贷核心技术或引入第三方加强风险管理,形成良好信用和信贷支持的互动循环。建立存款保险制度,争取早日加入存款保险体系。

第七章

发达地区村镇银行发展的战略实施与对策建议

通过上章对发达地区村镇银行发展目标、发展战略和市场定位的分析与研究,为保证发达地区村镇银行战略目标的全面实施,结合发达地区村镇银行发展环境、特点以及发展的主要困难和问题,本章将分别从村镇银行自身主体层面和政策监管层面对发达地区村镇银行的未来发展提出具体的建议。

第一节 自身主体层面的对策与建议

一、不忘初心,坚定发展目标定位

发达地区经济金融环境对村镇银行业务开展有特殊的影响,一方面,发达地区第一产业相对较少,绝大部分农户都已加入农业股份合作社等新兴农村经济组织,绝大多数农户都已转变为具有一定经营规模的特色种/养殖户、个体工商户或私企业主,传统农业已经转变为现代化农业;另一方面,日益发达的农村经济对资金的需求更加旺盛,从而使经济发达地区贷款额度需求相对较高,除了经营性信贷外,农户的消费性贷款需求也在不断增长。虽然中、工、农、建、交等大银行,普通股份制商业银行、农村商业银行、农村合作社等在发达地区覆盖范围很广,但最贴合"三农"实际的还数村镇银行,所以发达地区村镇银行应不忘初心,坚定发展普惠金融、"支农支小"、根植本地、支持实体的市场目标定位,走具有核心竞争力的特色发展道路。

（一）普惠金融，支农支小

发达地区虽然客户种类丰富，金融需求旺盛，但金融竞争充分，村镇银行试图与大型商业银行或者实力雄厚的股份制及城市商业银行竞争客户是行不通的，坚持走普惠金融的发展道路，坚持"支农支小"是发达地区村镇银行唯一可持续的发展道路。

发达地区村镇银行应当建立稳定的客户群体，将客户目标放在大型商业银行无暇或无力顾及的小微企业和农户方面，在发达地区农业占比较低的环境下，村镇银行更应注重对当地小微企业、新型农村经济合作组织以及农户创业的服务。通过实施"小额分散、特色经营、拾遗补漏、错位竞争"的经营策略，致力于为"三农"和小微企业提供差异化、特色化和精细化的金融服务。

针对小微企业和农户资金需求特点，要在传统信贷业务的基础上，加快创新特色小贷产品，重点为农户以及小微企业经营户提供小额信贷支持。可成立专门的个人贷款中心，开发以信用或准信用为主，无须提供抵押或担保的贷款产品，降低客户在银行的融资门槛，使许多小微客户脱离对房产、土地等抵押物的依赖和束缚。

要注重服务民生金融，发达地区村镇银行应加快创新针对消费用途的无抵押、无担保个人新型小额贷款，以满足客户在购房装修、结婚、旅游、教育、二手车买卖等方面的需求，简化贷款申请审批流程，为客户提供快捷、贷款额度自由的消费信贷产品，有效推进发达地区民生金融工程的建设。

村镇银行的"商业性"是满足其"支农支小"政策性要求的前提，村镇银行只有在运行中持续盈利，在农村市场上争得一席之地，才有机会为"三农"提供普惠金融支持。独特的"支农支小"为村镇银行开辟了一条不同于其他商业银行的盈利之道，提供了广阔的市场和盈利空间。村镇银行要坚持"支农支小"、普惠金融的市场定位，充分利用自身贴近农村的优势，深耕农村中低端市场，将其主要盈利增长点与服务小微和"三农"的政策性要求统一起来，在惠"农"惠"小"、发展普惠金融的过程中实现营业利润的最大化。

（二）根植本地，支持实体

加强信贷模式和贷款产品创新，支持发达地区新农村发展。针对发达地区绝大部分农户都已加入社区股份专业合作社、农地股份专业合作社、富民专业合作社等新型农村经济组织的现状，发达地区村镇银行应由传统的服务于单个农户向服务农户和农村经济组织并重转变，由服务于传统农业向服务于现代化的"大三农"转变,由服务于单一的个体经营户向服务于农业产业链转变,不断创新信贷模式,尝试联保贷款模式、"企业+农户"模式、"合作组织+农户"模式等多种信贷模式,解决专业合作社组织固定资产少、抵押难而专业担保公司又不愿意为之提供担保的状况,有效地降低客户的融资门槛和资金成本。

要坚持因地制宜,支持地区特色产业发展。发达地区农业多以集约化、产业链化方式发展,村镇银行想要发现新的业务点,就要对本地农业产业链进行调查分析,针对本地特色农业或特色小微产业链开发适宜产品。比如苏州地区村镇银行针对苏州地区的养蟹业开发的贷款产品,象山地区村镇银行扶持当地渔业等特色产业。发达地区规模化的农业生产中,涉及的小微企业或者农户很多,针对性地开发标准化产品能带来一系列资产端增长。

要更加依赖对小微企业客户的挖掘。发达地区虽然农业占比较低,但却有着丰富的小微企业资源,在发达地区,大型商业银行对100万元以下的小额贷款业务开展并不积极,小额贷款的获取通常要依赖专注于普惠金融的农村金融机构,村镇银行提供专业的小额贷款服务,在"支农支小"业务开展上更有竞争力,因此,发达地区村镇银行要更加注重对100万元以下的小微企业客户的挖掘和维护。

二、推广品牌,提升银行知名度

发达地区金融竞争充分,村镇银行要通过加强政企合作、加大网点铺设、下沉渗透金融服务、积极开展社区党建联建等方式提升自身品牌知名度,逐步使品牌深入百姓心中,走出普惠金融、"支农支小"的可持续发展道路。

(一)加强政企合作,增强产品可信度

首先,要积极争取和吸收当地政府和知名大企业入股村镇银行,依靠政府和企业在当地百姓心中的影响力和品牌度,扩大自身品牌知名度,增强品牌可信度,努力打造让老百姓安心的可靠的新型农村金融机构。其次,加强与当地政府的业务合作,比如与当地农村工作委员会合作打造农民"创业贷"等产品,依托政府平台,吸引当地农民或小微企业到村镇银行办理业务,并通过提供专业、温馨、优质的金融信贷服务,积极维护客户,进一步依靠客户口碑,逐步在农户和小微企业中树立可信赖的品牌形象。其三,注重对商会、居委会、村委会平台的利用,充分向其了解小微企业与农户软信息,及时全面了解客户需求,提高对客户信息的筛选和把握能力,在规避风险的基础上提升银行品牌度,开展业务。

(二)加大网点铺设,下沉金融支出与服务

村镇银行目标客户是本地农户和小微企业,要不断向乡镇、社区下沉渗透金融服务,在乡镇和社区中扩大自身品牌度,增强业务竞争力。发达地区村镇银行开设物理网点,首先应选择在人流量较大的社区街道,比如在拆迁区、房屋改造地区,这样既可以获得拆迁和房屋改造的小额贷款业务客户,又可以依赖人流大的特点,提升自身品牌影响力。其次,开设物理网点的地址可选择在村委会、居委会附近,一是可以加强与村居委会的合作交流,开展与当地客户的联谊联建活动;二是可以增加银行品牌出现频率,在居民农户心中留下深刻印象,逐步提升自身知名度。另外,物理网点的铺设和增加要依托对当地经济金融环境的充分调查,对可能的客户量、可获得的存款量、增设物理服务网点的可行性、网点发展的可持续性做充分评估,在可行性高的基础上增设网点。

(三)开展党建联建,强化品牌认识度

为了响应新时代党和国家对加强党的领导的号召,全面贯彻落实党的十九大精神,认真贯彻落实中央的战略部署,全国各地党组织积极开展党建活动。凡设立党支部的乡镇社区组织,都应积极开展党建活动。村镇银行可顺应时代潮流,加强与社区、乡镇的党建联建,通过组织开展党日活动,组织开展唱红歌等党建共建活动,与乡镇社区支部对接,加强客户黏性,在党建联建活动中强化自我宣传,提升品牌认知度。

(四)差异化发展,提供特色产品和服务

发达地区村镇银行要想在激烈的金融竞争中赢得主动权,必须结合当地农业经济特色和农户个性化需求,提供适销对路的、本土化的新型产品和服务,打造自主特色品牌。具体来说,可以积极推出"公司+农户"生产经营贷款、专业农户贷款、小额农户贷款、农民工外出务工路费贷款、村民住房贷款等灵活多样、富有特色的农村金融产品,以满足当地农户的个性化、具体化资金需求。

此外,村镇银行还需扎根农村,不断创新担保方式,推出灵活多样的信贷品种和模式,从而提高业务效率与核心竞争力。在这一过程中,可通过组建以有威望、有责任心的村民为主要成员的推荐委员会,来推选诚信度高的农民成立联保小组,在缴纳一定担保基金并经村镇银行审核后可获得贷款;还可成立由能人大户作为成员的担保委员会,来担保农户的贷款。

同时,村镇银行还应持续完善贷前咨询和贷后服务流程,并定期进行客户回访,在不断致力于提供高质量产品和高水准服务的过程中树立良好的企业形象,赢得广大客户群体的信赖,以提升品牌知名度和社会公信力。村镇银行须制定差异化经营策略,利用自身扎根农民、贴近农村的地域优势,坚守"支农支小"的市场定位,把各项业务做"小"、做"散",从而形成自身独特的经营亮点和竞争优势。

三、聚沙成塔,增强吸储能力

由于村镇银行本身吸收储蓄存款就较为困难,存款增长面临着较大的压力,存款的增长远远不能满足贷款需求的增长,外加监管部门提出的村镇银行开业5年后存贷比应达到75%的要求以及贷款额度的限制,村镇银行开展普惠金融业务面临较大的资金压力。相比之下,由于发达地区金融竞争充分,且农户居民理财意识较强,业务开展有所限制的村镇银行吸储更加困难,但发达地区人均收入较高,居民相对富裕,村镇银行应坚定存款吸收的信心与决心,多管齐下,多渠道增强吸储能力。

(一)走社区银行发展道路,做大储蓄客户基础

村镇银行"深耕'三农'、服务小微"既是监管部门的要求,也是村镇银行实现差异化、特色化发展的必由之路。储蓄是商业银行核心的稳定负债,村镇银行在自身发展过程中,必须高度重视储蓄业务的发展,坚持走专业化、特色化、精品化的社区银行道路。此处所指的"社区"主要指城市居民生活社区、农村居民生产社区等。社区银行,应从机构设置、网点选址、功能定位、人员配备、业务特点等方面突出社区特色。其业务特点应是扎根于社区,为社区的人们提供个性化的金融服务。

村镇银行作为资产规模较小、主要为经营区域内中小企业和居民家庭服务的小型商业银行,与社区有着天然的联系。村镇银行以"社区银行"为战略定位是因为其在自身特点、网点布局以及经营等多个方面与社区银行有着天然的契合。

1. 契合社区银行特点来经营

村镇银行具有资产规模小、经营机制灵活的特点,组织层级简单,决策链

条短。从金融产品研发、投放市场到信息反馈,整个过程可以在较短的时间内完成,经营决策能够更好地适应市场环境的变化。而国有和股份制银行等大银行进社区的网点,大多数是基于一二级分行或县域支行体系下的分支行网点,机制固定,各种审批流程复杂。所以村镇银行要更加契合社区银行的特点来经营。

2. 网点布局要符合社区银行角色

村镇银行本身就是依托城镇社区和农村社区而建的,网点分布与城镇和县域农村行政区划设置格局最接近,对社区居民和企业更为熟悉。同时,村镇银行的网点服务半径小,可以近距离接触客户,熟知客户实际需求,能提供有针对性的服务,并通过服务质量和形象的改善,获得稳定的客户群。

3. 经营定位要充分体现社区银行

村镇银行主要是面向中小企业和居民家庭,提供方便快捷的金融服务。在面对个人客户零售业务方面,可以提供较为全面的业务,其中包括中小企业贷款和农业贷款、部分投资产品、具有自身特色的增值服务等。与服务社区、走进社区的传统大银行网点相比,村镇银行对于客户服务更加全面化和个性化。

综上,村镇银行的特点完全契合社区银行的发展要求,村镇银行应坚持社区银行的战略定位,不断下沉网点和服务,走出一条特色化的社区银行发展之路。

目前,全国各地村镇银行基本上都把社区银行作为自己的发展方向之一,在发达地区高竞争的金融环境中,村镇银行更应努力提高服务质量和水平,打造有温度的、贴近百姓生产生活的社区银行,以真情和周到吸引客户,这也是村镇银行真正能做强的一条坚实的发展路径。要真正成为社区银行需要做好以下几个方面工作:

其一,要制定明确的社区营销规划与考核方案。

通过定期举办社区活动、实施社区银行建设项目、建设社区银行网点等全面打造村镇银行小微金融特色化服务品牌。开展社区营销要做好规划和考核方案,制定社区营销的目标、范围和方式,积极举办社区活动,开展户外社区营销活动,召开社区银行工作分析会,举办金融宣传员座谈会,举行电话回访分析会。做好营销人员安排、营销考核工作,鼓励每家网点对周围3公里以内小区无缝走访,严格执行网格化社区营销战略。

其二,开展全员营销,细化营销队伍。

除了传统的渠道建设外,村镇银行要开展全员营销,注重细化营销队伍,除了支行和营销部门专注小微企业客户的营销外,应对全行人员营销任务进行细分,进一步增强开展业务的针对性和服务农户与小微企业的效率。安排客户经理专人驻点驻村,充当老百姓的"金融指导员",开展农户信息收集、产品服务咨询、金融知识普及等工作,此外,充分利用地缘优势,更好地把握当地县域金融发展状况。通过管理部门参与社区营销活动,突出"全员营销"理念。

其三,积极开展特色社区活动。

要打造有温度的社区银行形象,可利用中秋节、端午节、重阳节、元宵节、春节等中华民族传统节日,在网点举办特色社区活动和厅堂活动,与当地百姓加强联络,提升村镇银行品牌知名度。另外,可不定期开展客户联谊活动,例如举办"养生大讲堂""粽叶飘香迎端午""广场舞赠衣""红色电影进社区"等特色社区活动。同时,在社区活动推广过程中注重与基层社区党建活动、金融扶贫活动的有机结合。

其四,根据社区居民需求开展贴近客户生活的非金融服务。

社区支行厅堂可根据周边社区居民需求进行改造,突出村镇银行便民、亲民、有温度的服务形象,如设置儿童娱乐区、老年人免费测量血压区域,还可设置雨伞借用点、手机加油站、物品保管箱、饮水机、擦鞋机、洗手间、休息沙发等设施,通过开展贴近客户生活的非金融服务增加客户黏性,吸引客户储蓄。

(二)充分吸收政府存款和股东储蓄资金

村镇银行除了开展社区营销,吸收公众存款之外,要争取当地政府的存款支持,争取地方政府将政策补贴、国库资金、社保基金、涉农资金等业务交归村镇银行办理,争取政府存款的扶持和补贴。除此之外,鼓励村镇银行吸纳当地有实力和影响力的民营企业入股,借助企业在当地的品牌优势和影响力,提高村镇银行的知名度。发达地区自身经营较好的村镇银行要加大对股东资质的遴选,一方面充分利用股东实力,增加稳定的存款积累,另一方面也能增强村镇银行的公信力,间接吸引更多的社会资金和居民资金。

(三)加强贷后服务,吸收结算资金

发达地区村镇银行贷款需求较大,但吸储较困难,村镇银行可加强贷后服务,以贷创存。吸引贷款客户将结算账户开在贷款村镇银行,办理贷款人日常经营活动的资金收付,以及贷款人工资、奖金和现金的支取,尤其是对于小微企业贷款客户,通过对其结算账户的管理,办理贷款客户的工资代发、经营活动资金收付业务,这一方面能对贷款公司和个人进行流水监控,加强贷款风险的管理防控;另一方面,对结算账户资金的吸收和管理也为村镇银行带来储蓄增长。

(四) 丰富负债业务,实施产品创新

根据《村镇银行管理暂行规定》,经银监分局或所在城市银监局批准,村镇银行可经营下列业务:吸收公众存款;发放短期、中期和长期贷款;办理国内结算;办理票据承兑与贴现;从事同业拆借;从事银行卡业务;代理发行、代理兑付、承销政府债券;代理收付款项及代理保险业务;经银行业监督管理机构批准的其他业务。面对发达地区人们理财观念普遍较强的现状,村镇银行仅仅依靠普通存款利率吸引客户储蓄显然没有竞争力,所以村镇银行要丰富负债业务形式,尤其是要开展发起行理财产品代销和发行大额存单业务。

大额存单(certificates of deposit,CD),是指由银行业存款类金融机构面向个人、非金融企业、机关团体等发行的一种大额存款凭证。与一般存单不同的是,大额存单在到期之前可以转让,期限不低于7天,投资门槛高,金额为整数。作为一般性存款,大额存单比同期限定期存款有更高的利率。发达地区在经济总量大的情况下,发行高门槛高利率的大额存单是可行的,而且发达地区大额存单转让市场成熟,村镇银行可依靠发行大额存单吸引存款。

四、夯实基础,加强人力资源管理

人才是第一生产要素,只有不断完善与村镇银行经营发展相适应的人才管理体系,强化人才梯队建设,不断激发干部员工干事创业的热情与潜力,用好用活人才,使人才的整体效能得到最大化发挥,才能更好地推动村镇银行普惠金融业务的高质量可持续发展。发达地区经济发达,对各地人才吸引力大,且发达地区教育资源丰富,尤其是长江三角洲、珠江三角洲、京津冀等东部发达地区,人才普遍学历较高,素质较高,这为发达地区村镇银行人才输入提供了较好的基础。但另一方面,发达地区金融机构众多,大型优质企业也多,人才就业选择更丰富,于是,发达地区村镇银行也面临更为激烈的人才竞争与员工流失问题。面对发达地区人才竞争形势,村镇银行作为根植本地、

"支农支小"的新型农村金融机构,要转变人才引进理念,搭建并不断完善村镇银行培训体系,建立与市场相适应的薪酬水平,完善员工激励考核机制,在多方面加强人力资源管理。

(一)转变人才引进理念

站在村镇银行市场定位和"支农支小"的任务使命的角度,村镇银行应转变人才引进理念。其一,发达地区人才资源丰富,多地区人才聚集,但出于开展社区营销、深入乡镇、服务本地的业务需要,发达地区村镇银行应注重本土化的精准招聘,为县域乡镇发展增加合适的人才储备。其二,发达地区村镇银行应吸收符合村镇银行发展特色的、认可村镇银行"三农"小微文化的、能适应村镇银行业务开展的员工,在学历上相对放松要求,不与大型商业银行和企业竞争名牌大学出身、高学历人才。其三,更加注重员工性格特点,尽量选择具有农村情结、踏实勤奋、能吃苦耐劳、抗压能力较强、愿意长期留任的员工。

(二)搭建并不断完善村镇银行培训体系

村镇银行可以充分利用主发起行的培训资源,加强员工知识技能、业务水平的培训,帮助员工做好职业生涯规划,建立后备人才库,积极探索构建"培养人、留住人、用好人、激励人、成就人"的人才培养机制。同时,村镇银行要探索适合村镇银行发展特色的培训内容与方式,开展针对性业务培训,帮助员工适应村镇银行工作环境、工作内容与工作方式,这样才能不断提升员工业务技能、工作能力与管理能力。此外,村镇银行应拉长培养路径,增加人才梯队,让员工能从柜面、客户经理等基层得到充分锻炼,增强其业务能力,逐步成长。

(三)完善员工激励考核机制

虽然村镇银行在目标定位、业务开展等方面的限制决定了村镇银行盈利能力有限,但村镇银行工作要深入乡镇,尤其在银行发展前期,人才缺失,一人多岗,工作辛苦,为了吸引和留住人才,让员工有一定的企业归属感,减少人才流失,村镇银行应至少建立与市场相适应的薪酬水平和完善的员工激励考核机制。首先,要建立与市场相适应的合理的绩效薪酬结构,即期报酬激励与中长期激励相结合,可探索尝试通过员工持股计划将员工的利益与企业长期利益挂钩,形成利益共同体,让员工看得见未来,工作有盼头;其次,坚持

"量化到人、多劳多得、权责挂钩"的原则,针对不同岗位、不同业绩相对应绩效的差异性问题,建立完善的"优胜劣汰、能上能下"的干部激励约束机制,不断完善绩效考评机制,做到有激励、有奖惩、有淘汰,杜绝吃"大锅饭"的平均主义;同时,考核要能够加强行为约束,加强督查和督办,检验实施效果,形成你追我赶、争先创优的激励氛围。还可以适当引入日本企业的"年功制",增加年功收入的比重,以减少人才流失。

五、加快信息化建设与信息安全管理

(一)加快特色化信息化建设

村镇银行须在主发起行的技术、资金、设施的支持下,加大信息技术投资,注重专业人才培养,尽快建立并完善独立于主发起行的网络基础设施与业务系统,将信息科技系统建设与当地农户实际业务需求相结合,构建出与自身日常具体业务相适应的、独具本土特色的IT系统。在这一过程中,要着重采取措施搭建IT系统与特色业务的互动促进机制,加快培养和引进精通IT技术与相关金融业务的先进人才,促进金融业务与IT的相互融会贯通;同时要建立高效、便捷的客户服务中心系统,分担柜面业务的压力,促进村镇银行与客户的广泛交流。此外,村镇银行可加强与其他金融机构在网络技术、数据收集等方面的交流与合作,搭建信息共享平台,实现业务高效、互动运转。村镇银行要加快软硬件设施建设,尽快加入央行大小额支付系统;积极开拓互联网支付平台,向客户推出网上银行、手机银行等服务,实现柜面业务电子化。

(二)加强信息安全管理

要配合基层央行对村镇银行进行信息安全监管,遵守和执行针对村镇银行的具体可行的信息管理制度和工作指引,明确信息风险归责机制,加强信息安全的风险评估,制定适当的应急预案并定期进行演练等,从而形成完善的信息安全防御与管理机制。同时,要支持央行加快创新有关村镇银行接入金融城域网的管理制度,进一步规范村镇银行接入的标准并逐步细化村镇银行与央行金融城域网对接的具体要求和条件,强化对村镇银行在金融机构编码、灾备系统建设和信息安全管理能力上的培训,促使村镇银行更全面地防范系统性风险,以实现稳健发展。

第二节　政策监管层面的对策与建议

面对经济新常态,政府和监管机构也要研究"三农""小微"金融支持面临的新问题,继续探索对"三农""小微"信贷业务的优惠政策支持,构建县域尤其是农村地区信用体系。监管部门应该加强合作平台的搭建,开展多主体合作,丰富利率和税收等优惠政策,保证银行业金融机构普惠金融发展的商业可持续性,激发银行业金融机构普惠金融服务的积极性。同时,监管机构要根据县域普惠金融不同服务机构特征建立差异化的监管政策,加大对县域普惠金融服务主力军的扶持力度,在资金来源、税收政策等方面给予更多的空间,保证其发展的可持续性。

一、政策支持的补充和完善建议

(一)搭建合作平台,开展多主体合作

其一,要搭建村镇银行与农户、小微企业沟通合作的平台。村镇银行的业务基础是广大农民群体和小微企业,只有和农民、农村企业之间保持良好关系才能开展各类业务。村镇银行要做好对当地情况的了解分析,规避风险,做出最有利的业务决策。因此,村镇银行工作人员不仅要对客户进行实地走访,将银行业务详细地介绍给他们,增进其对于银行各方面的了解,以便获取其信任支持,农户、小微企业也可向村镇银行传达业务需求,政府应积极支持搭建村镇银行与农户、小微企业的沟通合作平台,加强供求双方沟通,实现互利共赢。

其二,加强央行、监管部门、农村金融机构协调平台优化。村镇银行想要长期高速发展,离不开央行、监管机构和农村金融机构这三者的合作。首先,央行应准许将村镇银行数据对接到个人和企业信用信息基础数据库,进一步推进农村金融市场利率市场化,并设置一定的奖惩机制等。同时,央行还应帮助其解决支付清算难题,协助其做好银行各个系统的建设,如银联网络系统、征信系统等。此外,央行和监管要根据村镇银行的发展,及时进行政策扶持、监管调整等,例如放宽村镇银行的金融业务,降低银行成本,进一步提升其核心竞争力。其次,监管部门还要完善监督机制,构架起一套高度有效的

监管体系,以防止村镇银行发展方向发生偏离。总的来说,中央银行和监管机关要进一步深化对村镇银行的各项帮助,加强央行、监管部门、农村金融机构协调平台优化,创建一个良好的农村金融市场,为村镇银行成长发展提供稳定良好的环境。

(二) 加快农村社会信用体系的建设

农村小额信贷的发放很多是基于农户的信誉,缺少有效抵押物,为了降低由此带来的信用风险,建立和完善农村信用体系就必不可缺。首先,要打造良好的信用环境,进一步加强农村金融知识的普及力度,支持村镇银行将产品宣传与普及金融知识有效结合,及时向农户和小微企业主普及国家宏观金融政策,开展"金融知识万里行"和"反假币宣传"等活动,使弱势群体在提高自身金融知识水平的同时也可增强消费者权益保护意识,进一步优化村镇银行发展的信用环境,提高农户和小微企业主的信用意识。其次,在辖区内可尝试建立信用资源共享平台,建立农户和小微企业信用电子档案,对客户的信用信息进行统一管理,并在信用共享平台对其信用情况进行分级,对不同信用等级的客户提供不同的贷款定价建议。信用资源共享平台的建立可以帮助村镇银行识别风险,并且进一步实现小额信用贷款的实时发放和日常管理,有效防范信贷风险。

(三) 倾斜的利率和税收优惠

农业弱质性、高风险的特征决定了村镇银行的发展需要政府政策的适度引导与扶持。各级政府应不断完善政策扶持体系,通过财政、税收、利率优惠等措施给予村镇银行政策支持,使村镇银行在公平的环境中实现稳健发展。

首先,丰富利率优惠。随着存款利率的逐步放开,发达地区同业竞争越来越激烈。村镇银行成立时间短,规模小,品牌影响力弱,饱受"吸储难"的困扰,负债方资金的吸收困难重重,资产方则由于贷款利率偏高而贷款额度小,村镇银行资金运用面临双重困境。由此,为了支持村镇银行发展,贯彻普惠金融、乡村振兴等国家战略,央行及监管方应加大利率政策扶持,增强村镇银行的议价能力。

其次,增加税收补贴的优惠。发达地区政府应调整农村地区村镇银行的税收政策,参照与农村信用社相同的标准甚至以更大的幅度,给予村镇银行营业税及所得税的优惠支持。同时,要完善涉农贷款与财政补贴制度。对村镇银行发放的贷款实行专项统计,给予涉农贷款适当比例的财政贴息,鼓励村镇银行增加对"三农"的资金投入。

(四) 主发起行制度差别化处理

随着主发起行制度在村镇银行融资、管理和治理层面的弊端日益显现,加上我国村镇银行的发展程度和运行状况良莠不齐,对主发起行制度的处理应视情况不同而有所差异,尽量避免"一刀切"误区。

其一,促进管理转型。对于设立时间短、经营绩效差、风险防控水平低、不能独立持续健康运作的村镇银行来说,其对主发起行的依赖程度较高,为保证该类村镇银行的正常运营,应当在保留发起行制度的基础上进行管理转型,即鼓励各发起行批量化、集中连片地发起设立村镇银行,并在内部设立专门的、独立的管理部或者事业部对村镇银行进行集约化管理,在保持村镇银行独立自主性的前提下为其提供专业化的支持和服务。

具体而言,可借鉴中国银行对其发起设立的村镇银行的管理模式转变规划,适当把握"集中"与"放权"的平衡:首先对村镇银行和发起行的人员、业务、系统等进行隔离,从而构建独立于主发起行的人事薪酬系统、业务管理与操作体系、财务管理系统和风险控制体系,以保证村镇银行业务运转的独立自主性。其次对村镇银行制定统一的战略框架,构建统一的系统平台,实施统一的操作流程,进行统一的产品技术开发,集中操作关键控制点,在充分发挥规模效应的基础上,全面降低每家村镇银行在各个业务流程中的技术操作成本和运营风险,以实现协同发展。最后对每家村镇银行的经营绩效和业务运营状况进行系统评估和分层,根据评级结果对其进行差异授权,允许村镇银行在各自的"能力"范围内在人事、业务、风险控制等方面享有不同程度的经营管理自主权。

当发起行设立村镇银行超过一定数量时,可准许其设立独立的、针对村镇银行的管理服务子公司,专门负责村镇银行的批量化建设和集中式管理,以消除主发起行直接管理的弊端,这也是2018年监管提出的鼓励设立投资管理型村镇银行的初衷和目的。

其二,可设置主发起行退出制度。对于已经能够独立自主运行、步入健康发展轨道的村镇银行而言,其在经营业绩、风险管控等方面已达到较高水准,完全可以脱离发起行的庇护,此时主发起行制度已无存续的必要,可以考虑进行制度退出。

二、差异化监管的必要性和具体建议

对村镇银行的差别化监管一方面体现为：在杠杆率、存贷比等方面对村镇银行实行较传统商业银行更为宽松的监管指标，适度放宽对"支农支小"贷款风险的监管容忍度，以此来调动村镇银行普惠农村之积极性。与此同时，在构建差异化监管法律制度的过程中，要注意以具体的条文明确银监会之监管主体地位，并详细规定银监会具体的监管职责和多元化的监管手段，尽量避免监管权属模糊的情况发生。此外，还要对监管实践中各工作人员具体职权之分配与奖惩机制之实施加以详细规范，并明确现场检查、非现场检查等多种监管方式的具体流程，使各项监管工作均有法可依。

另一方面，差别化监管还要求监管部门基于资产规模、风险管控能力、信用评级等对村镇银行进行监管评级，并相应地实行分层、分级监管，使不同发展程度的村镇银行对应不同级别的监管力度，以实现村镇银行之可持续发展。具体而言，对于经营绩效稳健、风险管理水平较高、法人治理结构完善的村镇银行，当其资产总额达到一定数量、监管评级到达某一层次、各项监管指数都达标时，可以适度放松对其业务范围的限制，准许其从事大小额存单、金融债券、各项理财产品的发行与外汇业务的开办等事务；同时可进一步鼓励并支持此类村镇银行对经营绩效低下、各项风险较高的村镇银行进行兼并重组，使村镇银行在优胜劣汰的竞争中提升市场竞争活力。

发达地区村镇银行虽然也是致力于服务"三农"、支持小微企业的新型农村金融机构，这一点和欠发达地区没有什么不同，但发达地区面临的农业发展情况、小微企业经营状况与欠发达地区有着天壤之别，甚至同一省市的不同村镇银行都面临不一样的客户群体，不一样的业务开展环境，村镇银行十年来的发展已经充分显示了差异性监管的必要性和紧急性。本章特提出以下几条差异性监管的具体建议，希望能对差异化监管的实施和落实有所启发。

（一）对小微企业贷款利率监测实施差异化监管

银监会2015年年初提出小微企业贷款增速、户数和申贷获得率"三个不低于"目标，对缓解小微企业融资难题起到了积极作用。为进一步引导银行业聚焦薄弱环节、下沉服务重心，2018年银监会印发《中国银监会办公厅关于2018年推动银行业小微企业金融服务高质量发展的通知》，着力缓解小微企业金融服务供给不充分、结构不均衡的问题,推动银行业小微企业金融服务由高速增长转向高质量发展。该《通知》在继续监测"三个不低于"、确保小微企业信贷总量稳步扩大的基础上,重点针对单户授信1 000万元以下(含)的小微企业贷款,提出"两增两控"的新目标,"两增"即单户授信总额1 000万元以下(含)的小微企业贷款同比增速不低于各项贷款同比增速,贷款户数不低于上年同期水平,"两控"即合理控制小微企业贷款资产质量水平和贷款综合成本。

"两增两控"考核指标的实施对缓解小微企业、民营企业融资难、融资贵问题,降低小微企业融资成本确实起到一定的促进作用。但是,考虑到村镇银行扶持小微企业贷款利率的实际情况,部分银行业金融机构尤其是一些经济发达地区的村镇银行,在进一步降低小微企业贷款利率政策的执行上面临一定的困难和压力。像经济发达地区的村镇银行,金融竞争异常激烈,处于贷款利率的价格洼地,村镇银行在贷款利率定价上已经低于行业平均水平,平均贷款利率仅为6.0%多一点,利差水平仅2%到3%,进一步压降空间十分有限。如果采取一刀切的下调贷款利率的监测政策,对于贷款利率本身定价就很低、以存贷款为主要收入来源的村镇银行来说,势必进一步增加经营发展的压力,不利于普惠金融业务及村镇银行自身的健康可持续发展,也有失一定的公允性。

因此,基于全国不同区域、不同银行现有的对小微企业贷款利率定价的不同,建议从银行经营本身与普惠金融发展相融合的角度出发,制定差异化的利率考核监测,如以全省小微企业贷款平均利率为基数,对高于平均水平且下降空间较大的银行要求其逐步压降;对于已经处于平均利率以下的银行,尤其是专门从事小微信贷的村镇银行实施差别化对待。

(二)对村镇银行实行差异化业务监管政策

2014年银监会在发布《关于进一步促进村镇银行健康发展的指导意见》中指出,"银监会各级派出机构要加强村镇银行发展战略监管,完善'支农支小'监测和评价制度","要督促村镇银行结合区域实际和业务特点,制定差异化的单笔贷款、户均贷款上限等标准,严禁超比例发放贷款,严控贷款集中度风险"。然而,直到2018年,各地银监局对户均要求在原则上都选择户均贷款100万元以下的监管指标。村镇银行作为新型的农村小型金融机构,在风险防范、内控管理等方面与其他成熟的商业银行相比确实仍存在比较大的差距,因此,对村镇银行的业务进行一定限制也确实必要。但是,经过这几年的经营发展,已有部分村镇银行逐渐摸索出自身稳健经营之路,因"户均贷款余额"和"单户500万元(含)以下贷款余额占比"等监管指标不能满足小微客户的信贷需求,导致原有客户另寻融资途径。同时,发达地区农业占比低,传统农业已经转变为现代化农业,单打独斗的务农农民基本不存在,农业生产以专业富民合作社、农地股份合作社等新型农村经济组织为主要形式进行规模化生产,以"农"为主的专业合作社对信贷资金的需求量也更大。由此可见,经济发达地区的小微企业和"三农"对信贷资金的需求比经济欠发达地区要高很多。

因此,建议对于村镇银行的特色监管指标如"户均贷款余额"和"单户500万元(含)以下贷款余额占比",应充分考虑地区间经济发展的差异化,结合实际情况,对不同区域村镇银行实行差异化的监管政策,促进经济发达地区村镇银行的良性发展。

(三)适当放宽投资管理型村镇银行数量要求,支持发展良好的村镇银行向投资管理行转型

根据监管机构对投资管理型村镇银行的相关政策要求,将优先选择设立村镇银行数量较多、经营管理和服务良好、具有继续设立村镇银行意愿的主发起人开展试点,同时根据主发起人类型,分类选择具有代表性的银行参与试点,取得经验后再逐步推广。当前,首批试点的五家主发起银行机构分别为国有银行、股份制银行、城商行、农商行及外资银行各1家,试点范围较小。从现有政策来看,对于自身经营情况较好而主发起行旗下村镇银行数量较少的村镇银行来说,申请投资管理型村镇银行试点将变得十分困难。尤其像江苏、浙江等经济发达地区,很多县域城市已经实现村镇银行全覆盖,新设立村镇银行获批的可能性很小,而根据现有政策,通过受让股权、并购重组等方式收购其他村镇银行,又需要主发起行来实施完成,且收购过程中还涉及法律法规、议价谈判、不良资产处置、股权转让等一系列商业化运作,周期长,可变因素多,实际操作上可实现程度不高。投资管理型村镇银行政策对主发起行旗下村镇银行数量限制的要求,势必会导致一些对村镇银行管理较好、设立意愿又较强的主发起行未来被排除在试点范围之外,不利于村镇银行整体的健康可持续发展。

因此,建议监管机构考虑区域主发起行及村镇银行发展的现状,适当放

宽投资管理型村镇银行政策中关于村镇银行数量的限制,允许一些虽然旗下村镇银行数量不多,但自身经营与对村镇银行的管理都较好、设立意愿又较强的主发起行,有机会参与投资管理型村镇银行试点工作;同时,对一些经营指标、监管指标完成都较好的村镇银行,通过设立村镇银行标杆行形式,给予其享受投资管理型村镇银行政策福利的权力,以更好地激发村镇银行发展普惠金融,推动国家乡村振兴、精准扶贫战略实施的积极性,促进村镇银行的健康可持续发展。

参考文献

[1] 徐杨.中国农村金融生态环境改进研究[J].农村经济与科技,2018,29(22):219-220.

[2] 初钊鹏,王铮,卞晨.京津冀产业协同发展的理论认识与实践选择[J].东北师范大学学报(哲学社会科学版),2018(06):178-184.

[3] 李青.基于绿色发展的城市群规划及实施刍议——以长江三角洲城市群规划为例[J].中国发展,2018,18(05):9-12.

[4] 刘文军,杨卉.新型城镇化背景下村镇银行发展问题研究[J].经贸实践,2018(14):172.

[5] 原青青,叶堂林.我国三大城市群发展质量评价研究[J].前线,2018(07):73-75.

[6] 胡春燕.京津冀区域产业结构优化升级效果测度研究[D].首都经济贸易大学,2018.

[7] 刘芝榕.我国村镇银行发展存在的问题研究[J].金融经济,2018(12):76-77.

[8] 高文君.广西村镇银行发展问题研究[D].广西大学,2018.

[9] 陈民银.中小银行发展的经济增长效应[D].山东大学,2018.

[10] 张羽,赵晓梦.创新驱动发展中的金融结构与经济增长——最优金融结构理论视角下的中国经验[J].宏观经济研究,2018(05):47-61.

[11] 冉明明.村镇银行可持续发展能力评价研究[D].首都经济贸易大学,2018.

[12] 李江辉.试论我国村镇银行的发展现状及可持续发展对策[J].现代管理科学,2018(05):112-114.

[13] 叶德珠,曾繁清.金融结构适宜性与经济增长[J].经济学家,2018(04):63-72.

[14] 李晶.我国不同主发起行村镇银行发展比较研究[D].黑龙江大学,2018.

[15] 陈伟.基于珠三角产业转型升级的创新应用型人才培养问题研究[J].创新创业理论研究与实践,2018,1(05):20-22.

[16] 赵福伟,贾冬青.京津冀产业结构特点和人才需求结构[J].人民论坛,2018(03):100-101.

[17] 杨昕.互联网金融下科技型小微企业融资创新研究——以长三角地区为例[J].经济论坛,2017(12):42-48.

[18] 任旭辉.中国村镇银行发展环境及信用风险分析[D].宁波大学,2017.

[19] 林艳萍.山东村镇银行发展现状分析及发展模式探讨[D].山东大学,2017.

[20] 杜建军,刘学华,张军伟.长三角城市群产业结构的时空演变研究[J].经济问题探索,2016(09):166-171.

[21] 乔锐栋.我国村镇银行小额信贷风险管理研究[D].华中师范大学,2016.

[22] 刘曜.江苏省村镇银行贷款结构对经营绩效的影响研究[D].南京农业大学,2016.

[23] 林子晖.威海TJ村镇银行发展战略研究[D].山东财经大学,2016.

[24] 侯安帅.市场新格局下昌乐村镇银行的发展战略研究[D].山东财经大学,2016.

[25] 罗俊成.吉林省村镇银行可持续发展研究[D].吉林财经大学,2016.

[26] 林乐芬,李暄,李永鑫.长三角地区商业银行小微金融发展及区域金融一体化建议[J].中国浦东干部学院学报,2016,10(02):90-95.

[27] 周浩.珠三角产业结构与就业结构实证研究[J].合作经济与科技,2016(04):18-20.

[28] 周顺兴.金融市场竞争对村镇银行经营绩效影响研究[D].南京农业大学,2015.

[29] 曹景华,刘田旺,李子胜,汪东方,王井,胡林香.经济新常态下我国促进村镇银行可持续发展的对策建议——以景德镇市辖内村镇银行为例[J].对外经贸,2015(09):101-103.

[30] 杨旻.泰安市村镇银行发展问题研究[D].山东农业大学,2015.

[31] 史文冲.黑龙江省村镇银行可持续发展影响因素研究[D].东北农业大学,2015.

[32] 赵志芹.村镇银行战略管理研究[D].天津大学,2015.

[33] 白玉翠,田亮.京津冀地区经济发展趋势的调查报告[J].河北企业,2015(04):39-40.

[34] 安飞.天津市村镇银行现状分析与发展方案设计[D].天津财经大学,2014.

[35] 董风景.村镇银行可持续发展问题研究[D].山东财经大学,2014.

[36] 张晓曦.江苏省村镇银行发展研究[D].海南大学,2014.

[37] 金薇.河南省村镇银行存在的主要问题及发展对策研究[D].河南大学,2014.

[38] 谢黎诗. 湖北省村镇银行信用风险管理研究[D]. 武汉轻工大学,2014.

[39] 严青. 当前中国农户小额信贷几个问题研究[D]. 西南财经大学,2014.

[40] 王信. 我国新型农村金融机构的发展特征及政策效果研究[D]. 西南财经大学,2014.

[41] 刘艳. 河南省村镇银行可持续发展研究[D]. 辽宁大学,2014.

[42] 姚志燕. 江苏村镇银行发展问题研究[D]. 南京农业大学,2013.

[43] 杜国林. 村镇银行何以"跑偏"[J]. 新理财(政府理财),2013(06):42-43.

[44] 郭军. 新型农村金融机构可持续发展研究[D]. 山东农业大学,2013.

[45] 谭文培. 村镇银行发展战略与政策建议[J]. 企业研究,2012(16):97-98.

[46] 曹凤岐,夏斌. 商业银行组建村镇银行子银行的问题研究[J]. 银行家,2012(07):71-73.

[47] 王煜宇. 新型农村金融服务主体与发展定位:解析村镇银行[J]. 改革,2012(04):116-123.

[48] 徐沈. 中国新型农村金融组织发展研究[D]. 中共中央党校,2012.

[49] 张亦春,张金斌. 村镇银行的顶层设计问题与发展困境[J]. 中国金融,2011(23):78-80.

[50] 马小茜. 村镇银行的运行绩效及其影响因素分析[D]. 南京农业大学,2011.

[51] 王海燕,方首军. 村镇银行的外生性问题与化解策略探讨[J]. 广东农业科学,2011,38(12):204-207.

[52] 冯长. 村镇银行发展的外部制约因素研究[J]. 人民论坛,2011(14):110-111.

[53] 黄娟. 村镇银行可持续发展战略研究[D]. 西南财经大学,2011.

[54] 景浩. 当前我国村镇银行经营发展现状及问题分析[J]. 农村金融研究,2011(04):39-43.

[55] 李佳勋,李凤菊. 村镇银行发展现状及其存在问题探析[J]. 经济问题探索,2011(03):182-186.

[56] 凌峰. 中国村镇银行可持续发展研究[D]. 复旦大学,2011.

[57] 宋静静. 村镇银行面临的困境与可持续发展路径探讨[J]. 特区经济,2011(02):102-104.

[58] 赵志刚,巴曙松. 我国村镇银行的发展困境与政策建议[J]. 新金融,2011(01):40-44.

[59] 李敏. 资金瓶颈与村镇银行可持续发展研究——以浙江为例[J]. 农业经济,2011(01):83-85.

[60] 谢金楼,万解秋. 我国村镇银行发展现状、存在问题及对策[J]. 现代经济探讨,2010(10):69-73.

[61] 王修华,贺小金,何婧.村镇银行发展的制度约束及优化设计[J].农业经济问题,2010,32(08):57-62+111.

[62] 朱海城.我国村镇银行发展中的问题与对策研究[J].经济研究导刊,2010(23):153-154.

[63] 彭浩,邢欣.村镇银行发展的现状、问题及应对策略[J].首都经济贸易大学学报,2010,12(04):58-62.

[64] 王晓燕.我国村镇银行发展存在的问题及对策[J].商业时代,2009(21):92-93.

[65] 赵虹.对黑龙江省首家村镇银行运营情况的调查[J].黑龙江金融,2009(06):81-82.

[66] 刘莹.村镇银行发展的内外部制约因素研究[D].兰州大学,2009.

[67] 李升军.村镇银行—我国农村金融发展的新选择[D].吉林大学,2009.

[68] 程昆,吴倩,储昭东.略论我国村镇银行市场定位及发展[J].经济问题,2009(02):97-99.

[69] 潘晓萍.村镇银行发展战略初探[D].西南财经大学,2008.